TATSACHEN

Nr. 54

Rainer Hohberg

Geheimnisvolles aus der Thüringer Sagenwelt

TAUCHAER VERLAG

Hohberg, Rainer:
Geheimnisvolles aus der Thüringer Sagenwelt/
Tatsachen 54
2. korr. Aufl. – [Leipzig]: Tauchaer Verlag 2024
ISBN 978-3-89772-254-5

Satz/Herstellung: Sabine Ufer Verlagsherstellung
Printed in the EU

ISBN 978-3-89772-254-5

Inhalt

»Wart' Berg, du sollst mir eine Burg werden!« – Anstelle eines Vorwortes

Während ich in meinem letzten Buch den Geheimnissen Thüringer Dämonensagen nachgegangen bin, soll dieses nun den sagenhaften Überlieferungen zu historischen Ereignissen und Persönlichkeiten gewidmet sein, also den sogenannten historischen Sagen. Die Geschichten sind seit 2008 für die Thüringer Allgemeine und die Ostthüringer Zeitung geschrieben worden und fanden bei der Leserschaft viel Resonanz. Aus über hundert Zeitungsbeiträgen habe ich auf Anregung von Prof. Dr. Dieter Nadolski die interessantesten für diesen Band zusammengestellt. Ich erzähle die Sage nach den jeweils ältesten und zuverlässigsten mir vorliegenden Schriftquellen (siehe Quellenverzeichnis). Zugleich spüre ich jenen Geschichten nach, die dahinter stecken oder stecken könnten. Ich versuche, den Sagengeheimnissen mit detektivischem Spürsinn auf den Grund zu gehen, den Schleier zumindest ein wenig zu lüften.

Oft geht es um die Frage, inwieweit das Sagengeschehen historisch verbürgt ist. Davon hängt der Wert einer Sage zwar nicht ab – doch spannend ist es allemal. In einigen Fällen – wie bei der Erzählung um die »Wunderwaffe« der Wysburg – haben die archäologische und historische Forschung Einzelheiten der Sage in verblüffender Weise bestätigt. In anderen, etwa der Erzählung um ein in die Vachaer Werrabrücke eingemauertes Kind, brachten meine Recherchen zwar eine Fülle interessanter Details – das Sagengeheimnis will sich aber nicht vollends lüften lassen und regt zu weiteren Nachforschungen an. Als ebenso spannend erweist sich die Frage nach der Herkunft der einzelnen Geschichten. Glaubt man den romantischen Sagensammlern des 19. Jahrhundert, haben sie die Sagen alten Schäfern, Kräuterweibern oder anderen Erzählern »aus dem Volke« abgelauscht. Sind auch die historischen Sagen auf diese Weise jahrhundertelang mündlich überliefert worden? Oder sind da mitunter ganz andere Quellen im Spiel? Da Sagen – und insbesondere die historischen – stets ortsgebunden sind, berichte ich auch von meinen Erkundungen der meist überaus stimmungsvollen Sagenorte im Thüringer Land – Schlösser und Burgruinen, Höhlen und Brunnen, Steinkreuze und uralte Bäume – und der Leser ist eingeladen, die Schauplätze der Sagen und ihre steinernen Zeugen selbst aufzusuchen und ihrer Ausstrahlung nachzuspüren.

Die erste Sage, an die ich mich selbst erinnern kann, hörte ich als sieben- oder achtjähriger Knirps in meiner Geburtsstadt Eisenach aus dem Mund einer Burgführerin: »Wart' Berg, du sollst mir eine Burg werden!« Es ist eine jener prägnanten historischen Sagen, die sofort die Fantasie entzünden und die Illusion vermitteln, Geschichte hautnah mitzuerleben – zumal, wenn man sie mit Blick auf das poesievoll illustrierende Gemälde im Landgrafenzimmer der Wartburg kennenlernt: Graf Ludwig, den das Volk den Springer nannte, ging einst am Inselsberg seinem Lieblingsvergnügen nach, der Jagd. Einem schönen Wild folgend, gelangte er auf einen Felsenberg, dessen Lage ihn so faszinierte, dass er ausrief: »Wart' Berg, du sollst mir eine Burg werden!«, und ließ darauf eilig ein hölzernes Bollwerk errichten. Die Sache hatte aber einen Haken: Grund und Boden gehörten seinen Nachbarn, den Herren von Frankenstein. Die verklagten ihn umgehend beim Reich, doch Ludwig griff zu einer List. Nachts ließ er von seinem Besitz bei Friedrichroda Erde in Körben herbeischleppen und auf dem Berg ausbreiten. Er und zwölf vertraute Ritter steckten ihre Schwerter in die aufgeschüttete Erde und schworen den leiblichen Eid, dass der Boden keinem anderen als Graf Ludwig gehöre. Daraufhin konnte er den Berg behalten und ließ an dieser Stelle die uneinnehmbare Wartburg errichten.

Moritz von Schwinds Fresko der Gründungssage entstand 1854/55.

Der Sage nach beginnt die Geschichte unseres heutigen Weltkulturerbe-Denkmals also ziemlich übel: mit Meineid und Grundstücksbetrug. Offenbar hat daran aber nie jemand Anstoß genommen. Eine Überlieferung aus Volkes Munde ist sie ohnehin nicht. Ludwig Bechstein, als Dichter und Historiker gleichermaßen talentiert, brachte die Gründungssage Anfang der dreißiger Jahre des 19. Jahrhunderts zu Papier. Wichtige Details entnahm er mittelalterlichen

Chroniken, auf die zuvor schon die Brüder Grimm gestoßen waren. Der berühmt gewordenen Ausspruch »Wart' Berg ...« ist seine ureigene Erfindung. Wie es wirklich zugegangen ist, weiß keiner, da authentische Quellen über die Burggründung fehlen; die Historiker konnten bislang nicht einmal das Gründungsjahr ermitteln. Umso lieber greift man dann zur Sage. Kein Reiseführer mag auf sie verzichten, in fast jedem Buch über die berühmte Veste wird ihr Referenz erwiesen. Ich selbst fand die Geschichte als Kind einfach toll und diesen Ludwig ausgesprochen clever. Später habe ich die Sage als studentischer Wartburgführer oft dargeboten. Wenn ich heute als Autor zu Gast in Schulen bin, stelle ich gern folgenden Test an: Ich erzähle den Anfang, und die Kinder sollen raten, um welche Burg es sich handelt. Erfreulicherweise ist sie in Thüringen bis heute vielen Kindern vertraut. Mehr als drei, vier Sätze muss ich nie erzählen, bis die erste Hand oben ist. Von Moritz von Schwind im Landgrafenzimmer adäquat ins Bild gesetzt, hat sie sich zum unangefochtenen Gründungsmythos der Wartburg gemausert – eine der populärsten historischen Sagen Deutschlands überhaupt. Sie ist, wie manch andere Sagen auch, längst in unser kulturelles Gedächtnis eingegangen. Gerade die historischen Sagen, die mit anekdotenhaften Schilderungen bestimmte Momente der heimatlichen Geschichte schlaglichtartig beleuchten, prägen vielerorts die regionale Identität mit, wie auch unsere Identität als Thüringer.

Weniger bekannt ist hingegen, dass man während des Wiederaufbaues der stark verfallenen Burg im 19. Jahrhundert versucht hatte, die Gründungssage »historisch zu bewahrheiten« – und zwar mit einer ziemlich dreisten Geschichtsfälschung. 1845 wurden vom südlichen Burghof große Mengen Schutt und Erde abgetragen, um Burgfelsen und Fundamente freizulegen. Dabei entdeckte man in einer quadratischen Vertiefung zwischen Palas und Brauhaus ein Bündel schwertförmiger, mit Draht verschnürter Eisengebilde. Nach ersten Verlautbarungen waren es dreizehn Stück. Der Fund erregte beträchtliches Aufsehen: Handelte es sich etwa um die legendären Schwurschwerter, die Ludwig den Springer und seine zwölf Ritter bei der Besitzergreifung des Wartberges in den Händen gehalten hatten?

Erbgroßherzog Carl Alexander höchst selbst reiste aus Weimar an, um die vom Rost angefressenen Erinnerungsstücke in einer weihevollen Zeremonie zu bergen. Der junge, hochgebildete Fürst, der den Wiederaufbau der Burg zu seinem Lebenswerk erkoren hatte, ließ die Fundstücke anschließend in der Elisabeth-Kemenate öffentlich präsentieren – als neuer Beweis der ruhmreichen Vergangenheit seiner Burg und seines Herrscherhauses. Und hunderttausende Besucher, darunter viele Fachleute, bestaunten sie in den folgenden Jahrzehnten als Beweise der Gründungssage – niemand zweifelte ernstlich daran.

Genauer untersucht wurden die Stücke erst viele Jahre später, als die aufwändige Erneuerung der Wartburg längst abgeschlossen war. Inzwischen war Carl Alexander verstorben und musste den peinlichen Reinfall nicht miterleben. Denn wie sich im Licht der Wissenschaft zeigte, handelte es sich keineswegs um rostige Ritterschwerter des 11. Jahrhunderts, wie man es ihm suggeriert hatte. Zum einen waren die Objekte sehr viel älter: Der Prähistoriker und Keltenspezialist Alfred Götze identifizierte sie als Roheisenbarren aus keltischer Zeit, sogenannte Taleae ferreae, die auf dem Berg entweder als Notreserve versteckt oder als Opfer für die Götter deponiert worden waren. Heute kann man sie übrigens im Museum für Ur- und Frühgeschichte Weimar bestaunen.

Die beiden unteren »Schwurschwerter« entpuppten sich als Fälschungen.

Noch peinlicher war indes der Befund, dass nur elf der dreizehn Eisenteile ein hohes Alter aufweisen. Die zwei anderen angeblichen Schwurschwerter waren hingegen neu, waren Fälschungen, offensichtlich für die großherzogliche »Ausgrabung« eilig nachgeschmiedet und auf alt getrimmt worden, um Übereinstimmung mit der Sage herzustellen. Auch der Draht entstammte moderner Produktion. Wer auch immer den Landesvater damals so schnöde hinters Licht geführt haben mag – es war eine Tat ganz im Stil des listigen und vor keiner Schandtat zurück schreckenden Wartburggründers Graf Ludwig. Und wie dieser erreichten auch die Geschichtsfälscher des Jahres 1845 ihr Ziel: Nach dem Sensationsfund der »Schwurschwerter« finanzierte Großherzog Carl Alexander von Sachsen-Weimar die Restaurierung der einzigartigen Burganlage umso generöser und schuf so die Voraussetzungen ihres heutigen Status als UNESCO-Weltkulturerbe.

Dem romantischen Charme der Gründungssage hat all dies allerdings keinen Abbruch getan – eine Geschichte, die erzählt, wie es gewesen sein könnte, die ein Streiflicht auf die Verhältnisse im 11. Jahrhundert wirft und darauf, aus welchem Holz der aufstrebende Burgengründer Graf Ludwig geschnitzt war. Obwohl nicht wirklich aus »Volkes Mund« stammend, wurde sie zu einer wahren Volkssage. Die Sage lebt und gehört zur Wartburg wie der markante Bergfried, der Sängersaal oder die Lutherstube – ein Mythos eben.

Rainer Hohberg

Legende vom zweibeweibten Grafen

Ham' se nu – oder ham' se nich? Diese Frage umweht seit nunmehr etlichen Jahrhunderten die Burgruine Gleichen und verleiht ihr eine geheimnisvolle Aura. Die Vorstellung, dass in diesem Gemäuer einst eine Ehe zu dritt geführt wurde, eine multikulturelle und harmonische sogar, fasziniert derart, dass sich die schöne Mär vom Grafen mit den zwei Ehefrauen zu einer der bekanntesten Thüringer Sagen mauserte.

Wie erzählt wird, begleitete in der Zeit der Kreuzzüge ein Graf von Gleichen den Thüringer Landgrafen ins Morgenland. Dort geriet er in die Gefangenschaft der Sarazenen, aus welcher ihn die Tochter eines Sultans befreite. Die schöne Orientalin hatte den Ritter ins Herz geschlossen, und gemeinsam entkamen sie nach Venedig, wo die Sultanstochter zum Christentum übertrat. Nachdem der Papst die Erlaubnis erteilt hatte, sie zur zweiten Ehefrau zu nehmen, reisten sie zu seiner Burg. Und siehe: Froh über die Rückkehr des Gatten, willigte seine Gemahlin in eine Doppelehe ein. Fortan teilten sie Haus, Tisch und Bett, lebten glücklich und in Eintracht bis an ihr seliges Ende. Bis ins Grab blieben die drei vereint.

Auf Burg Gleichen erinnert mancherlei an die ungewöhnliche Sage, so das »Freudental«, wo die Burgherrin den Ritter und seine Befreierin empfangen haben soll, und der zur Burg hinauf führende »Türkenweg«. An urkundlichen Belegen zum Leben des gräflichen Bigamisten fehlt es jedoch. Seit Generationen haben Historiker und Heimatforscher jeden Stein umgedreht, doch alle Versuche, die Geschichte als historisch zu beweisen, sind gescheitert. Das heißt freilich nicht, dass die Sage vom Himmel gefallen sei, dass es sich nur um eine romantische Erfindung handele.

Illustration zu J.K.A. Musäus' Märchen »Melechsala« von 1785.

Die Experten für mittelalterliche Geschichte, die sich mit den Auswirkungen der Kreuzzüge beschäftigt haben, bieten eine neue Lösung des alten Rätsels an. Nach ihrer Ansicht spiegelt die Sage Erfahrungen christlicher Kreuzfahrer mit der muslimisch-arabischen Welt wieder. Die Kreuzzüge waren nicht nur grausame Kriege, sondern führten auch zu einem kulturellen Austausch. Im Morgenland bestaunten die christlichen Ritter den Luxus der Paläste, die Architektur der arabischen Burgen und Festungen – und ebenso die Tatsache, dass hier ein Mann nach den Gesetzen des Propheten vier Ehefrauen haben und mit ihnen zahlreiche erbberechtigte Nachfahren zeugen durfte – für die ritterlichen Herren eine sowohl praktisch wie erotisch faszinierende Idee. Doch während sich die neu gewonnenen Kenntnisse beim Burgenbau ziemlich mühelos realisieren ließen, war das morgenländische Ehemodell keineswegs ins christliche Abendland übertragbar. Als orientalische Fantasie geisterte es aber fortan durch die Köpfe. Es floss ein in die hohe Literatur jener Zeit – und ebenso in die von Mund zu Mund und von Ort zu Ort weiter erzählten Kreuzzugsabenteuer. Die Wege dieser Geschichte sind nicht mehr nachzuvollziehen. Auf jeden Fall verband sie sich spätestens im 15. Jahrhundert mit der berühmten Grabplatte eines von zwei schönen Adelsdamen flankierten Ritters im Erfurter Dom.

Der gräfliche Bigamist als Postkartenmotiv um 1920.

Diese stand damals allerdings in der Kirche St. Peter auf dem Petersberg, der heutigen Erfurter Festung. Möglicherweise wurde sie für den 1193 verstorbenen Grafen Erwin II. von Gleichen, dessen Gemahlin und eine weitere Familienangehörige geschaffen, aber so genau weiß man es nicht. Wie überliefert ist, führten Mönche des Petersklosters schon damals Besucher durch das Gotteshaus und erzählten – gegen einen Obolus – über dessen Sehenswürdigkeiten. Besonders gern und ausschweifend wohl über die ungewöhnliche Grabplatte des adligen Dreiergespanns! Und so kam eins zum anderen. Es spricht manches dafür, dass wir die Sage vom Grafen und der schönen Orientalin in der heute bekannten Form letztlich den Mönchen vom Petersberg verdanken. Ham' se nu – oder nich? Die Frage kann inzwischen klar beantwortet werden: Ja, man hat. Allerdings nur in der Fantasie. Und die blüht heute so kräftig wie vor 500 Jahren und wird Burg Gleichen und dem berühmten Grabstein im Erfurter Dom auch künftig einen besonderen mythischen Glanz verleihen.

Die starke Frau von Möbisburg

Möbisburg, heute ein Stadtteil von Erfurt, kann sich hinsichtlich seines Alters durchaus mit der Landeshauptstadt messen. Von vorgeschichtlicher Zeit bis ins Mittelalter bestand hier eine Burgstätte. Chroniken berichten, der fränkisch-thüringische König Merwig habe sie errichtet. Aus dem Namen Merwigsburg sei später Möbisburg geworden. Die Kirche des Ortes soll auf den Fundamenten der einstigen Burg stehen.

Der Sage nach herrschte hier vor vielen Jahrhunderten ein besonders kriegerischer Fürst. Streit und Kampfgetümmel waren seine Leidenschaft – je mehr Gegner, desto lieber. Lange Zeit stand das Glück auf seiner Seite; doch zuletzt hatte er so viele Feinde gegen sich, dass sie die Überhand gewannen. Sie schlugen ihn auf offenem Feld und belagerten schließlich seine Feste. Der Burghügel soll damals vollständig von Wasser umflutet gewesen sein – wie Möbisburg heutzutage bei Hochwasser. So hielt man den Angriffen lange Zeit stand. Aber allmählich wurde der Hunger zum grausamsten Feind. Als die Besatzung völlig entkräftet war, musste der Fürst sich ergeben. Wie damals üblich, wollten die Sieger ihn einen Kopf kleiner machen. Nur seiner Gemahlin gewährten sie freien Abzug und gestatteten ihr, soviel Hab und Gut mitzunehmen, wie sie zu tragen vermochte. Vermutlich dachte man, die Dame würde all ihre goldenen Ketten, Ringe und anderen Geschmeide einsacken und sich aus dem Staub machen. Aber wer kann schon in die Seele einer Frau blicken! Die Fürstin tat höflich, hatte jedoch einen listigen Plan geschmiedet. Heimlich ließ sie ihren Mann in eine hölzerne Truhe steigen – die allergrößte der Burg, um den wackeren Recken unterzubringen. Diese Lade warf sie sich auf die Schulter und durchschritt mit einem unschuldigen Lächeln das Tor. Kaum hatte sie die Zugbrücke passiert, klopfte jedoch der Fürst an den Deckel. »Hilfe, die Luft geht mir aus!« »Durchhalten«, antwortete die Frau, »die Feinde sind noch ganz nah.« Nach einer Weile pochte der Fürst wieder. »Durchhalten!«, raunte die Frau abermals, »die Feinde haben uns immer noch im Blick.« Doch der Fürst klopfte immer stärker und keuchte jämmerlich. »Einen Augenblick, dann sind wir im schützenden Wald!«, ermunterte sie ihn. Endlich im Wald, den Blicken der Feinde entzogen, öffnete die Fürstin den Deckel. Doch was musste sie sehen – ihr Gemahl lag tot in der Kiste. Da beweinte sie ihn gebührend, hob ihn erneut auf die Schulter, um einen Ort zu finden, den Verstorbenen würdig zu begraben. Das war jedoch leichter gedacht als getan; entsetzt musste sie erleben, wie verhasst der Fürst, dieser alte Krieger, überall war. Nach Riechheim schleppte sie ihn, doch die Bauern jagten sie über die Grenze. So erging es ihr in vielen Orten, bis sie endlich nach Osthausen kam. Dort erbarmte man sich ihrer, nahm ihr die Last von der Schulter und begrub den Fürsten in geweihter Erde.

Man kann gegen diese wie jede andere Sage sicher viel Vernünftiges einwenden. Wie sollte eine »schwache Frau« eine solche Last bewältigen können? Doch Liebe und Treue verleihen offenbar tatsächlich Riesenkräfte. Eine der berühmtesten deutschen Sagen erzählt Ähnliches über »Die treuen Weiber von Weinsberg«, die eine ganze Burgbesatzung Huckepack in die Freiheit geschleppt haben sollen. Was lange als »reine Sage« galt, fanden Historiker später in der Kölner Königschronik als Schilderung eines möglicherweise realen Geschehens erwähnt. Und warum sollte, was für die Weinsberger Weiber gilt, nicht auch für die starke Fürstin von Möbisburg gelten?

Der Weinsberger Weibersage soll ein reales Geschehen zu Grunde liegen.

Ludwigs Mutsprung in die Saale

Unter den Vorfahren der Landgrafen von Thüringen ist er die abenteuerlichste Gestalt: der im Jahre 1042 geborene Ludwig der Springer. Über das Leben des bereits als Wartburg-Erbauer vorgestellten Grafen aus dem Geschlecht der Salier gibt es etliche historische Darstellungen. Was als Tatsache gelten kann oder aber ins Reich der Fabel gehört, ist jedoch umstritten. Eine dieser strittigen Fragen scheint nun endgültig geklärt. Im März 2013 testete ein Stuntman, ob der legendäre »Springer« einen Sprung aus reichlich 30 Metern Höhe in die Saale tatsächlich heil überstehen konnte, wie es die Sage erzählt.

Wegen Mordes saß Ludwig zwei Jahre auf Burg Giebichenstein gefangen, ehe der Kaiser ein Urteil über ihn fällte. Er verhängte die Todesstrafe, aber Ludwig war nicht der Mann, sich tatenlos in sein Schicksal zu fügen. Unter dem Vorwand, ein Testament aufsetzen zu lassen, ließ er einen vertrauten Schreiber kommen und verabredete mit ihm die Flucht. Auch stellte er sich fortan krank und gab vor, schrecklich zu frieren. Da nahm man ihm die Fesseln ab und brachte ihm wärmende Mäntel. Das alles gehörte zu seinem Plan. Als seine Wächter einmal beim Würfelspiel saßen, schwang sich der Gefangene mit einem kühnen Satz aus dem Turmfenster und sprang in die Tiefe. Weit blähten sich die Mäntel im Wind und minderten die Wucht des Falls. So landete er wohlbehalten in der Saale. Am Ufer stand bereits ein Knecht mit Pferden bereit. Noch ehe die Wächter sich von dem Schreck erholt hatten, galoppierte Ludwig davon und war nicht mehr einzuholen. So konnte das kaiserliche Urteil nicht vollstreckt werden, und Graf Ludwig erfreute sich seiner Freiheit. Von dieser Zeit an nannten ihn alle den »Springer«.

Ludwigs Flucht in einer Darstellung aus dem 18. Jahrhundert.

Soweit die Sage. Historiker weisen schon seit langem darauf hin, dass diese Bezeichnung möglicherweise auf die falsche Interpretation seines alten lateinischen Beinamens »Salicus« oder auch »Saltator« zurückgeht. Dies könnte man zwar auch mit »der Springer« übersetzen, doch heißt es eigentlich »der Salier«, bezeichnet also das Grafengeschlecht, dem Ludwig entstammt. Und was ergab der gewagte Versuch, den der Stuntman und Wingsuite-Flieger Carsten Zinner im Auftrag des Mitteldeutschen Rundfunks an Ort und Stelle durchführte? Nach seinem Experiment erläuterte Zinner im Gespräch mit dem Autor, dass ein Sprung vom Giebichenstein, wie ihn die Sage schildert, praktisch kaum möglich sei. Zum einen ist der natürliche Abstand zwischen Burg und Fluss viel zu groß. Zinner war deshalb nicht vom Burgfenster, sondern von einem Kran, näher zur Saale hin, abgesprungen. Zum anderen sei der Fluss selbst bei gutem Wasserstand zu flach, um den Aufprall zu mindern. Um sicher nach unten zu gelangen, hatte der Stuntman einen modernen Fallschirm benutzt. Zinner räumte zwar ein, dass Verlauf und Tiefe der Saale im elften Jahrhundert etwas anders gewesen sein könnten. Alles in allem sei Ludwigs Mutsprung in die Saale nach seiner Ansicht aber wohl eine Erfindung.

Das Ergebnis dieses Experiment ist kaum anzuzweifeln – und eigentlich auch nicht verwunderlich. In allen Sagen mischen sich Erfundenes und Tatsächliches auf spannende Weise. Dennoch steckt meist eine tiefere Wahrheit darin – in der Sage um Ludwigs Haft und Flucht beispielsweise die Erinnerung daran, dass die aufstrebenden Ludowinger, welche eine Generation später die Thüringer Landgrafenwürde erwarben, in der Wahl ihrer Mittel alles andere als zimperlich waren und auch krasse Rechtsbrüche nicht scheuten.

Von Reußen und Russen

Reußen – das ist eine alte deutsche Bezeichnung für das Volk der Russen wie auch für Russland selbst. Dass sich Zar Peter I. »Kaiser aller Reußen« nannte, ist somit nicht verwunderlich. Wieso aber trägt auch das Geschlecht der Herren und Fürsten von Reuß, an die zahlreiche Burgen und Schlösser im Osten Thüringens erinnern, diesen Namen?

Als im Jahre 1227 Landgraf Ludwig IV. von Thüringen mit Kaiser Friedrich II. ins Heilige Land zog, soll unter seinen zahlreichen Rittern auch ein Herr von Gera oder Plauen gewesen sein, der von ungewöhnlicher Körpergröße war. Bei einer Schlacht unweit der Stadt Ptolemais gerieten viele Ritter, darunter der Graf von Gleichen und der erwähnte Herr von Gera, in Gefangenschaft der Sarazenen. Beide mussten fortan als Sklaven dienen. Während der Graf das Glück hatte, von einer Sultanstochter befreit zu werden, nahmen die Leiden des Geraers kein Ende. Nach 12 Jahren Sklaverei wurde er nach Russland weiter verkauft, wo er mehrere Jahre als Leibeigener zubrachte. Als die Tataren ins Land einfielen, musste auch er gegen sie ins Feld ziehen. Die Russen unterlagen, doch war der großgewachsene Krieger dem tatarischen Fürsten Hoccata durch seinen Kampfesmut aufgefallen. Statt getötet zu werden, durfte er nun mit dem Tatarenheer gen Westen ziehen. Je weiter sie kamen, umso größer wurde seine Hoffnung, die Freiheit zu erlangen. Als die Tataren in Schlesien umkehrten, nutzte er die Gelegenheit, sich aus dem Staub zu machen. Unter vielen Abenteuern schlug er sich zum Hof des Kaisers Friedrich durch, wo er durch sein Geschick bei den ritterlichen Turnieren bald großes Ansehen gewann. Da er überdies spannend von seinen Reisen zu erzählen verstand, ließ ihn der Kaiser oft an seine Tafel bitten. Seiner Größe und seiner russischen Tracht wegen nannte er ihn stets den »langen Reußen«. Und weil es der Kaiser tat, rief ihn alsbald alle Welt bei diesem Namen. So kam es, dass er sich schließlich selbst als »Heinrich von Gera, der Reuße genannt« bezeichnete und sich der Name »Reußen« für seine Nachkommen fest einbürgerte.

Soweit die sagenhafte Deutung, wie sie Lorenz Peckenstein in seinem Werk *Theatrum Saxonicum* 1608 publiziert hat. Nach einer anderen Version rührt der Beiname daher, dass Heinrichs Ehefrau eine russische Fürstentochter gewesen sei. Historisch gesichert ist aber auch das nicht. Fest steht lediglich, dass Heinrich der Jüngere (urkundlich bis 1292 erwähnt) als erster diesen Beinamen trug. Er entstammte dem weit verzweigten Geschlecht der Vögte von Weida, Gera und Plauen, dessen männliche Vertreter seit dem 12. Jahrhundert allesamt Heinrich hießen. Zwecks besserer Unterscheidung bekamen auch andere »Heinrichinger« Beinamen – so etwa Heinrich der Fromme, der Lange, der Reiche usw. Dass es ausgerechnet Heinrich »dem Russen« vergönnt war, Namensgeber einer neuen, jahrhundertelang die Geschicke der Region prägenden Dynastie zu werden, ist vielleicht merkwürdig, aber doch das kleinere Übel. Jedenfalls besser, als wenn dies seinem Weidaer Verwandten Heinrich »dem Pfeffersack« gelungen wäre.

Giftmord auf der Creuzburg

Creuzburg nahe bei Eisenach ist eine der ältesten Städte Thüringens. Über dem Städtchen thront die gleichnamige Burg, die einst ein bevorzugter Aufenthaltsort der Landgräfin Elisabeth, der heiligen Elisabeth von Thüringen, war. Oft zog sie sich in den Schutz ihrer Mauern zurück und brachte hier auch zwei ihrer Kinder zur Welt, Hermann und Sophia. Dem Schicksal gefiel es aber, dass ihr Sohn Hermann an diesem so sicher scheinenden Ort am 3. Januar 1141 unter recht mysteriösen Umständen aus dem Leben schied.

Die Creuzburg von Südosten.

Nach dem Tod seines Vaters, Landgraf Ludwig, hatte nicht er, sondern sein Onkel Heinrich Raspe die Regentschaft in Thüringen übernommen. Da Heinrich Raspe aber, obwohl dreimal verheiratet, keine Kinder hatte, entbrannte ein hitziger Kampf um die

Macht. Hermann war neunzehn Jahre alt und kerngesund, als er sich nach einem Festmahl auf der Creuzburg urplötzlich zum Sterben niederlegte. Allen war klar, dass Gift im Spiel gewesen sein musste. Auch der Name der vermeintlichen Mörderin ging von Mund zu Mund: Berta von Seebach, und viele Gerüchte kursierten. Manche meinten, die Hofdame habe aus persönlichem Hass gehandelt. Andere vermuteten, dass Landgraf Heinrich Raspe seine Finger im Spiel habe. Wieder andere sahen im Markgrafen von Meißen den Anstifter, denn auch der wollte das Land Thüringen an sich bringen.

Nun hatte Hermann vor seinem Tode noch angeordnet, dass man ihn bei seiner verstorbenen Mutter in Marburg begraben solle. Als der Leichenzug dorthin unterwegs war, begegnete ihm Landgraf Heinrich Raspe. Als er hörte, wohin man Hermann bringen wollte, untersagte er dies und zwang den Zug zum Umkehren. Er fürchtete nämlich, die Wunderkräfte der heiligen Elisabeth könnten ihren toten Sohn wieder zum Leben erwecken.

So wurde Hermann zum Kloster Reinhardsbrunn gebracht, der alten Begräbnisstätte der Ludowinger. Als man ihn dort mit großer Feierlichkeit zu Grabe trug, geschah etwas Seltsames. Im selben Moment, als die Hofdame Bertha von Seebach am aufgebahrten Leichnam vorüber schritt, floss ihm plötzlich frisches Blut aus der Nase. Da brachen alle, die getreu zu Hermann gestanden hatten, in Tränen und Wehklagen aus und drohten der Mörderin. Nur mit Mühe konnte Berta von Seebach von ihren Freunden in Sicherheit gebracht werden.

Diese merkwürdige Begebenheit beim Begräbnis des Landgrafensohns Hermann wird nicht nur in der Sage, sondern auch in mittelalterlichen Chroniken

Herrmanns Grabmal, Kupferstich von 1692.

wie den *Annales Reinhardsbrunnenses* und der *Düringischen Chronik* erwähnt. Als »Bahrprobe« ist sie auch aus anderen Geschichten bekannt: Auf ähnliche Weise werden im Nibelungenlied der grimmige Recke Hagen und im Artusroman der Ritter Iwein als Mörder überführt. Erstaunlich an diesem Fall ist jedoch, dass die des Mordes bezichtigte Bertha von Seebach offenbar weder angeklagt noch bestraft wurde. Auf jeden Fall hatte die Mordtat tiefgreifende Folgen: Mit dem Tod Hermanns war das Aussterben der Ludowinger und das Ende der ludowingischen Landgrafschaft in Thüringen endgültig besiegelt.

Dreizehn auf einen Schlag

Mehrlingsgeburten gelten auch heute, in Zeiten hochentwickelter Medizin, noch als spektakuläre Ereignisse. Vor einiger Zeit fand die anstehende Geburt von Zwölflingen in Tunesien mediale Aufmerksamkeit, ein Fall, der sich freilich als Erfindung entpuppte. In vergangenen Jahrhunderten erregten solche Nachrichten aus anderen Gründen die Gemüter: In Unkenntnis der embryonalen Vorgänge betrachtete man Mehrlingsgeburten oft als Folge sexuellen Fehlverhaltens. Mehrere Sagen berichten von solchen Geschehnissen, wobei die angegebenen Kinderzahlen nicht unbedingt wörtlich zu nehmen sind. So soll die Gemahlin des Edlen Gebhardt von Querfurt Neunlinge zur Welt gebracht haben, eine Gräfin von Henneberg sogar 365 Kinder, nicht größer als Krabben, die nach der Taufe rasch verstarben.

Im prächtigen Landschaftspark bei Bad Liebenstein erinnern die spärlichen Mauerreste der Burg Altenstein an einen weiteren Fall. Hier lebte ab dem 15. Jahrhundert das fränkische Uradelsgeschlecht der Ritter von Wenkheim. Eine der edlen Damen von Wenkheim war als besonders tugendsam bekannt. Sie kontrollierte den Lebenswandel ihrer Untertanen streng und strafte jede Verfehlung. Einmal gebar eine junge Magd Drillinge. Das wusste die Herrin nicht anders zu erklären, als dass sie Unzucht mit mehreren Knechten getrieben haben müsse. Also befahl sie die Magd vor Gericht und ließ sie wegen Ehebruchs zum Tode verurteilen. Die junge Mutter beteuerte wieder und wieder ihre Unschuld. Selbst auf der Richtstätte blieb sie dabei. Als sie aber sah, dass ihr keine Gerechtigkeit widerfahren würde, sprach sie einen Fluch über die Edelfrau: »Mögest du an dir selbst erfahren, dass ich unschuldig sterbe! Statt mit dreien sollst du mit dreizehn Kindern vor deinem Richter stehen!« Nach etlichen Monaten wurde die Edelfrau schwanger. Ihr Leib schwoll ungewöhnlich an, und als die Zeit heran war, gebar sie in aller Stille tatsächlich dreizehn Kinder, allesamt Knaben. Vor Scham und Entsetzen wollte die stolze Dame fast im Boden versinken: Wie würden sich die Leute nun die Mäuler zerreißen! Was würde ihr Gemahl, der gerade auf Reisen war, bei seiner Rückkehr sagen! Die Kinder waren zwar klein, doch gesund und wohlgestaltet. Was tun? Kurzerhand befahl sie, zwölf von ihnen im Teich zu ersäufen wie man es mit überzähligen jungen Hunden tut. Gerade als die Dienerin mit dem Korb die Burg verlassen wollte, kehrte jedoch der Ritter heim und erkundigte sich, was sie da forttrage. »Nur junge Hunde, Herr«, stammelte sie. Das wollte der Ritter mit eigenen Augen sehen – und entdeckte das geplante Verbrechen. Statt in den Teich, ließ er die Kinder zu einer entfernt liegenden Mühle bringen und von der Müllerfamilie aufziehen. Nach zwölf Jahren waren alle zu hübschen Knaben herangewachsen.

Als nun die edle Dame den Geburtstag ihres angeblich einzigen Sohnes mit großem Festgepränge feiern wollte, stellte der Ritter sie zur Rede: »Sage mir: Welche Strafe verdient eine Mutter, die ihre neugeborenen Kinder wie junge Hunde ersäufen lässt?« Die Dame erschauerte. »Was sie mit Wasser verbrochen hat, soll ihr mit Feuer heimgezahlt werden. Eine solche Frau gehört auf den Scheiterhaufen«, lautete ihre Antwort. »So muss man dich nach deinem eigenen Richterspruch zwölfmal auf dem Scheiterhaufen verbrennen lassen!«, donnerte der Ritter. Auf sein Zeichen traten jene zwölf Knaben herein, die ebenso wie der in der Burg aufgezogene Sohn gekleidet waren. »Siehe, deine jungen Hunde! Wahrlich, das soll fortan ihr Name sein!« Die Edelfrau fiel auf die Knie und flehte um Gnade. Der Ritter verzichtete darauf, das von ihr selbst gefällte Urteil zu vollstrecken und ließ sie stattdessen in ein Kloster bringen. Die Knaben und ihre Nachkommen aber wurden tatsächlich »Hund von Wenkheim« genannt. Einer von ihnen, Hans Hund von Wenkheim, ging in die Geschichte als einer jenen Ritter ein, die Martin Luther im Mai 1521 unweit von Liebenstein zum Schein überfielen und auf die Wartburg brachten.

Ähnliches wird über die Namensgebung des Herrscherhauses der Welfen (= Welpen) erzählt.

Der fliegende Ratsherr

Politiker müssen hart im Nehmen sein, das ist bekannt. Dies scheint besonders für die Vertreter jener Städte zu gelten, die es sich nicht verkneifen können, ihren großmächtigen Landesfürsten gelegentlich die Stirn zu bieten. An solch einen wackeren Streiter erinnert der sagenumwobene Velsbachstein in Eisenach. Er steht an der Fahrstraße zur Wartburg, auf einer steil abfallenden Wiese unterhalb des »Droschkenwendeplatzes«.

Als im Jahre 1247 der letzte Landgraf aus dem Geschlecht der Ludowinger verstorben war, entbrannte ein blutiger Streit darüber, wer künftig in Thüringen herrschen solle. Markgraf Heinrich von Meißen hatte bereits einen Großteil des Landes in seinen Besitz gebracht, als Sophia von Brabant, die streitbare Tochter der heiligen Elisabeth, ihren Anspruch anmeldete. Nicht einmal der Kaiser vermochte den Zwist zu schlichten. Chaos herrschte, jeder versuchte das Beste für sich herauszuschlagen. Eisenachs Bürger mischten unter Führung ihres Ratsherren Heinrich Velsbach auf der Seite Sophias und ihres minderjährigen Sohnes, Kind von Brabant genannt, kräftig mit. Um den übermächtigen Markgrafen von der Wartburg zu vertreiben, errichteten sie Burgen auf den umliegenden Anhöhen und schnitten die Wartburg so von aller Zufuhr ab. Der Markgraf aber holte zur überraschenden Gegenoffensive aus. Er zerstörte mit seinen Rittern nicht nur die Burgen der Eisenacher, sondern besiegte mit Hilfe einiger Verräter die widerspenstige Stadt. All jene, die gegen ihn standen, wurden grausam bestraft. Er nahm den ganzen Rat gefangen und etlichen der Herren ließ er den Kopf vor die Füße legen. Der Ratsherr Velsbach sollte auf besonders grausame Weise hingerichtet werden. Bei der Wartburg stand eine Blide, eine mächtige Steinschleuder, mit der man gegnerische Burgen zu beschießen pflegte. Auf diese wurde Velsbach nun gelegt und auf eine Wiese unterhalb der Burg geschleudert. Doch er überlebte und schrie noch immer: »Thüringen gehört dem Kind von Brabant!« Also musste er die Tortur ein zweites und drittes Mal erleiden, bis er sein Leben aushauchte.

Der Ruhlaer Dichter Ludwig Storch erwähnt diese Geschehnisse 1837. In der Chronik von Johann Rothe heißt es, der Markgraf habe den Ratsherren gar von der Wartburg »in die Stadt Eisenach« werfen lassen. Um 1500 verewigt der Chronist Wigand Gerstenberg den spektakulären Vorfall in einer Federzeichnung. Auch urkundliche Belege liegen vor. Die Sage kann somit als historisch verbürgt gelten.

Ob das als »Velsbachstein« unter Denkmalschutz stehende kleine Monument aber als Gedenkstein für den tapferen Kommunalpolitiker aufgestellt wurde, ist stark umstritten. Der Gestaltung nach handelt es sich eher um den Pfeiler eines gotischen Heiligenstandbildes. Als man im 19. Jahrhundert die Wartburg-Landschaft mit allerlei historischen Sehenswürdigkeiten »verschönte«, wurde er möglicherweise nachträglich an jene Stelle gesetzt, die mit der Erinnerung an den tragischen Tod des Ratsherren Velsbach verbunden war. In Eisenach gibt es auch andere Deutungen. So wird erzählt, unter ihm sei der 1548 gestorbene Wiedertäufer Fritz Erbe begraben – oder er kennzeichne den Ort des berühmten Rosenwunders der heiligen Elisabeth.

Die Wunderwaffe auf der Hohenwaldsburg

Die Wysburg und ihr Museum zählen zu den touristischen Attraktionen im Thüringer Schiefergebirge. Dass ist umso erstaunlicher, als die Burgruine bis Mitte der 1980er Jahre nicht viel mehr als ein unscheinbarer Waldfleck war, von dem man eine merkwürdige Sage erzählte. Darin heißt es, dass hier in alten Zeiten ein mächtiges, von Raubrittern bewohntes Schloss gestanden habe, genannt die Hohenwalds- oder Wysburg. Die Ritter brandschatzten die ganze Gegend und brachten von ihren Raubzügen viel Gold und Silber mit. Davon ließen sie sich acht goldene Kugeln und neun silberne Kegel machen und vergnügten sich des Öfteren beim Spiel.

Als nun Kaiser Rudolf von Habsburg die Raubritterburgen in Deutschland zerstörte, kam er auch an diesen Ort und ließ auf einer westlich der Burg gelegenen Höhe große Steinschleudern aufbauen. Darüber lachten die Raubritter nur; und als die ersten Steinkugeln gegen die Burg prallten, winkten sie den Angreifern noch höhnisch mit Gänseflügeln – in dem Glauben, die Geschosse könne man leicht mit einem Federwisch abwehren. Als aber die Steinkugeln alsbald eine Bresche in die schützende Mauer geschlagen hatten, sahen die Ritter ihr Ende kommen und warfen ihre Schätze in den Burgbrunnen. Bald darauf stürmten die Belagerer herein, hängten die Raubritter auf und zerstörten die Burg. In ihren Ruinen versuchten sie nun tagelang, den Goldschatz zu finden, doch alle Mühen blieben vergeblich.

»Außer ein paar verschliffenen Wällen und Gräben war an diesem Ort von einer Burganlage nichts zu sehen«, erinnert sich der Weisbacher Bodendenkmalpfleger Hubert Roßbach im Gespräch mit dem Autor an seine Kindheit. »Angeregt von der Sage, sind wir manchmal auf Schatzsuche gegangen und waren stolz, hin und wieder eine Scherbe zu finden.« Die historischen Fakten zur Burg waren ebenfalls spärlich. Fest stand lediglich, dass die 1274 erwähnte Feudalburg ursprünglich Sitz der Verwaltung und Gerichtsbarkeit einer kleinen Grundherrschaft war, zu der die Dörfer Weisbach, Thimmendorf, Drognitz, Lothra und Heinersdorf gehörten. Später soll die inzwischen zum Raubrittersitz gewordene Burg zerstört worden sein.

Mehr als die dürren Fakten erregte freilich schon immer das sagenhafte goldene Kegelspiel das Interesse. Oft genug wurde die Weisbacher Burgstätte von Raubgräbern heimgesucht, bis heute freilich erfolglos. Umso größer war die Überraschung, als bei der ersten planmäßigen archäologischen Untersuchung Schätze ganz anderer Art ans Tageslicht kamen. 1985 legte Roßbach, inzwischen Kreisbodendenkmalpfleger, mit einer Gruppe von Helfern einen Suchschnitt quer durch das bewaldete Gelände an. Man stieß auf Mauerreste, Metall, Glas, Knochen und reichlich Holzkohle – also alles, was bei der Untersuchung fast jeder Burgstätte gefunden wird. Aber dann, kurz vor dem Ende der Grabung, die faustdicke Überraschung: drei schwere Kugeln. Allerdings nicht aus Gold, sondern aus Zechstein, einer Gesteinsart, die um Weisbach nicht vorkommt. Es handelt sich um Geschosse, wie sie im Mittelalter von riesigen Wurfmaschinen, sogenannten Bliden, gegen feindliche Befestigungen geschleudert wurden. Und sie fanden sich just an jener Seite der Burg, auf der nach der Sagenüberlieferung einst der Angriff der Erfurter erfolgt sein soll. So wurde durch die Grabungen zumindest dieser Teil der Raubritter-Sage auf unerwartete Weise bestätigt.

Rudolf von Habsburg lässt eine Raubritterburg zerstören.

Dieser Überraschungsfund sorgte dafür, dass sich die verschwiegene Burgstelle über dem Ottergrund binnen kurzer Zeit in eine archäologische Großbaustelle verwandelte. Unter Leitung des Museums für Ur- und Frühgeschichte Weimar begannen umfangreiche Forschungsgrabungen, welche die Überreste einer stattlichen Burganlage zutage förderten, die durch eine systematische Militäraktion um 1320/30 zerstört worden war. Zugleich baute und testete man am

Ortsrand von Weisbach das Modell einer Wurfmaschine, um sich von deren Einsatz ein genaueres Bild machen zu können. Nach früheren Vorstellungen galt die Treffsicherheit der größten Belagerungswaffe des Mittelalters als eher gering. Die Ausgrabungen der Wysburg vermitteln hingegen ein anderes, völlig neues Bild. An der Haupteinschlagstelle vor der Westmauer fanden sich im Erdreich auf einer Strecke von nur fünf Metern immerhin 28 Geschosse, die teilweise übereinander lagen. Das zeugt von erstaunlicher Zielsicherheit. Im Weisbacher Museum »Haus Wysburg« und in der Burganlage selbst kann man viel Interessantes über die Burg und ihre Erstürmung mit der mittelalterlichen Wunderwaffe erfahren - und auch über eine historische Sage, in der mehr als nur das berühmte Körnchen Wahrheit steckt.

Ein grausiges Bauopfer für die Werrabrücke

Die Bauleute haben bereits ihre Vorkehrungen getroffen. Eine Frau trägt behutsam den Säugling – gesegnet von einem Geistlichen. Nur die verzweifelte Geste der Mutter am Bildrand lässt ahnen, welch unvorstellbares Schicksal ihr Kind erwartet ... Das Wandbild im Rathaus zu Vacha stellt ein Geschehen dar, dass sich der Sage nach im 14. Jahrhundert bei der Errichtung eines für die Stadt selbst und den Handel auf der Via Regia überaus wichtigen Bauwerkes ereignet haben soll.

Das Wandbild im Rathaus zu Vacha.

Als im Jahre 1342 die hölzerne Brücke über die Werra durch ein verheerendes Hochwasser zerstört worden war, begann man den Bau der steinernen, die anfangs siebzehn Bogen hatte. Man erzählt, dass der mittlere Bogen, sobald der Meister ihn fertig gestellt hatte, immer wieder in die Fluten stürzte. Alle waren ratlos und in großer Bestürzung. Endlich meldete sich ein Mönch aus dem Kloster Mariengart. Er versprach Hilfe, aber nur unter der Bedingung, dass ihm der Stadtrat vor dem Obertor so viel Grund und Boden überlassen würde, dass man dort ein Kloster bauen könne. Als ihm dies bewilligt war, ließ er den Baumeister ein unschuldiges Kindlein lebendig in den Bogen einmauern. Während die einen berichten, es sei ein Säugling gewesen, wollen andere wissen, dass es schon sprechen konnte und den Baumeister angebettelt habe, ihm doch wenigstens ein »Gucklöchelchen« zu lassen. »Mütterchen, jetzt seh' ich dich noch«, soll es seiner Mutter zugerufen haben. Dann: »Mütterchen, ich seh' dich noch ein wenig. Und am Ende schließlich: »Ach Mütterchen, jetzt seh' ich dich gar nicht mehr!« Auf jeden Fall konnte die Brücke nun ohne Zwischenfälle vollendet werden. Die Stelle, an welcher das Kind eingemauert wurde, ist durch einen kopfartig herausragenden Stein an der Ostseite der Brücke bezeichnet, zwischen dem 5. und 6. Bogen von Norden gezählt.

Diese im 19. Jahrhundert von dem blinden Salzunger Sagensammler Christian Ludwig Wucke aufgezeichnete Geschichte ist nur eine von zahllosen Überlieferungen, die über grausame Bauopfer berichten, vor allem bei technisch anspruchsvollen Bauwerken wie Brücken, Burganlagen oder Deichen. So sollen die Steine beim Bau der London Bridge vorsorglich mit Kinderblut bespritzt worden sein. Über eines der berühmtesten Bauwerke des Osmanischen Reiches, die Drinabrücke bei Višegrad, heißt es, dass sie immer wieder von Nixen zerstört worden sei, bis man 1571 zwei Kinder in den Brückenpfeiler mauerte. Als steinerne Zeugen solcher Praktiken in Thüringen gelten u.a. die Burgen in Henneberg, Bad Liebenstein, Ranis, Elsterberg, Schloss Dryfels, Burg Scharfenberg, die Kraienburg und die Burg Reichenfels bei Hohenleuben. Auf letzterer wird bei Führungen als Ort der Opferung eines Kindes eine Höhlung in der Ringmauer gezeigt. Mythos oder Tatsache?

Dass Menschenopfer in »grauer Vorzeit« weltweit in vielen Kulturen praktiziert wurden, ist unbestritten. Für unser Gebiet wurde dies eindrucksvoll durch die Ausgrabungen im Höhlensystem des Kosackenberges bei Bad Frankenhausen nachgewiesen. Im sogenannten Opferschacht bargen der Thüringer Prähistoriker Prof. Dr. Behm-Blancke und seine Mitarbeiter von 1951 bis 57 neben Bronzeschmuck, Stein- und Knochenwerkzeugen und Getreidekörnern auch Skeletteile von mindestens 130 zumeist jugendlichen Opfern. Sie waren bei Kulthandlungen durch Bronzebeile sowie stumpfe Werkzeuge wie Steinkeulen getötet worden. In seiner *Germania* erwähnt der römische Historiker Tacitus für die Zeit um 100 n. Chr. mehrfach, dass im Volk der Germanen rituelle Menschenopfer für verschiedene Gottheiten üblich waren. In antiken und mittelalterlichen Schriftquellen sind Menschenopferungen auch als Straftötung für Verbrechen, als Kriegsopfer, bei Orakelbefragungen und zur Abwendung von Seuchen u.a. Katastrophen beschrieben. Karl der Große sah sich genötigt, für derlei Praktiken die Todesstrafe anzuordnen. Demzufolge müssen sie im 7. /8. Jahrhundert noch weit verbreitet gewesen sein. Eine Menschenopferung in Schweden ist für das Jahr 1350 historisch bezeugt: Zur Abwendung der damals grassierenden Pest wurden in Linthorna-Wallen auf offiziellen Beschluss zwei Bettelkinder mit Butterbroten in eine Grube gelockt und lebendig verschüttet.

1867 sollen auf Burg Ranis die Knochen eines eingemauerten Kleinkindes geborgen worden sein. Der Fund ist allerdings verschollen.

Über das Einmauern von »unschuldig Kindlein« bei der Errichtung von Brücken und anderen Bauwerken, also menschliche Bauopfer, fließen die historischen Schriftquellen hingegen nur spärlich. Unter den archäologischen Befunden zu diesem Thema finden sich fast ausnahmslos die Überreste geopferter Katzen und Hunde. Diese allerdings sind in spätmittelalterlichen und neuzeitlichen Bauten unserer Region sehr häufig entdeckt worden, so auf Schloss Burgk, der Leuchtenburg, der Festung Petersberg in Erfurt. Sie belegen eindeutig entsprechende Opferbräuche – und den festen Glauben unserer Altvorderen, dass in ein neues Bauwerk unter allen Umständen etwas Lebendiges eingemauert werden müsse, dass in jeden Bau eine Seele gehöre. Solche Rituale wurden in abgewandelter Form mancherorts noch in der 1. Hälfte des 20. Jahrhunderts praktiziert. Beispielsweise in Schellroda bei Weimar, wo man Eier einmauerte, in Hainspitz Geld, in Kehmstedt eine Flasche Schnaps. Über die Hintergründe gibt es in der volkskundlichen Forschung unterschiedliche Vermutungen. Möglicherweise sollte das Opfer dazu dienen, die Geister des Ortes, den man durch den Bau in Beschlag nahm, zu besänftigen. Oder aber die frische Lebenskraft des Opfers sollte in das Bauwerk übergehen, es dauerhaft fest und sicher machen. Am wirkungsmächtigsten galt dabei offenbar ein kleines, von Sünde noch freies Kind.

Wie lange dieser Glaube jedoch mit letzter Konsequenz praktiziert wurde, steht auf einem anderen Blatt. Möglicherweise wurde dem »eingemauerten Kind«, nachdem derlei Opferpraktiken in der realen Welt allmählich ausstarben oder durch andere Opfer ersetzt wurden, ein zweites, mythisches Leben geschenkt: Fortan existierte es als beliebtes, weil menschlich besonders ergreifendes Erzählmotiv in der Literatur- und Sagenwelt weiter. Erinnerungen an einstmals praktizierte grausame Opferbräuche und Fantasie sind dabei unauflösbar miteinander verschmolzen. Was an einer historischen Sage wie der vom Bauopfer für die Werrabrücke fiktiv oder wahr ist, wird deshalb – sofern nicht bei künftigen Bauarbeiten zufällig die Archäologen fündig werden – kaum eindeutig zu beantworten sein.

Das gilt auch für die wohl jüngste Sage zu dieser Thematik aus unserem Raum, die der 1996 verstorbene Heimatforscher Walter Saal nach mündlicher

Überlieferung aufgezeichnet hat. Hier handelt es sich aber um ein eher versehentliches Bauopfer, welches seinerzeit jedoch beträchtliches Aufsehen erregt haben dürfte: Um die Bahnlinie von Leuna nach Leipzig wieder in Betrieb zu nehmen, musste nach dem Ersten Weltkrieg auf dem rechten Saaleufer eine Flutbrücke errichtet werden. Nach den Pfeilern wurden gerade die eingeschalten Bogen betoniert, als eines Nachts ein sturzbetrunkener Mann auf der Suche nach einer Abkürzung über die Baustelle stolperte und dabei in die halb gefüllte Schalung fiel. Die Nacht war kalt, der abbindende Beton strahlte jedoch wohlige Wärme aus. Also legte sich der Trunkenbold zu einem Schläfchen nieder und wurde auch nicht wach, als die Bauleute in der Morgendämmerung ihre Arbeit fortzusetzen begannen. Erst als eine gewaltige Ladung Beton auf ihn niederging, erwachte er – doch da war es für ihn bereits zu spät. Aus der zähen Masse konnte er sich nicht befreien und das Dröhnen der Maschinen übertönte sein Geschrei. Erst beim Ausschalen entdeckten die Bauarbeiter, dass eine menschliche Hand im Beton steckte – und fühlten sich schaudernd an die alten Opfergeschichten erinnert, welche man sich früher auf allen Baustellen zu erzählen pflegte.

Der Tanz in den Tod

Juden leben in Thüringen nachweisbar seit dem 12. Jahrhundert. Die älteste jüdische Gemeinde ist die Erfurter. Im späten Mittelalter entstanden weitere u.a. in Eisenach, Jena, Frankenhausen, Mühlhausen und Nordhausen. Schon früh hatten die Juden unter religiösem Fanatismus und wirtschaftlichem Neid ihrer christlichen Nachbarn zu leiden, und es kam immer wieder zu judenfeindlichen Ausschreitungen, wovon mehrere Sagen berichten. Sehr merkwürdig ist, was über ein Ereignis in Nordhausen erzählt wird.

Im Jahre 1348 wütete die Pest in Deutschland und machte auch vor den Toren Nordhausens nicht halt. Weil niemand wusste, warum und auf welche Weise sich der Schwarze Tod so schnell ausbreitete, verdächtigte man die Juden, sie hätten ein Pulver, mit dem sie die Brunnen vergifteten. Schließlich wurde die Forderung laut, alle Juden zu vernichten. Da versammelten sich deren Älteste und berieten, was zu tun sei. Sie beschlossen, gemeinsam in den Tod zu gehen, bevor die Volksmenge sie quälen und ermorden würde. Auf dem Petersberg wurde eine Grube ausgehoben und mit trockenem Holz gefüllt. Darüber ließ man einen Tanzboden zimmern. Anderntags kamen die Juden und betraten das Brettergerüst. Dann warfen Stadtknechte brennende Fackeln in das Holz, die Stadtpfeifer begannen zu spielen. In den auflodernden Flammen fassten sich die Juden an den Händen, beteten, sangen und tanzten in den Tod hinein.

Der historische Kern der Sage ist – abgesehen von der Jahreszahl – belegt. Die Verbrennung der Juden, mit der der Rat von Nordhausen wohl einer Forderung des Landgrafen nachkam, fand tatsächlich statt, jedoch erst 1349. Das geschilderte »in den Tod tanzen« klingt allerdings wie eine sagenhafte Verklärung des Martyriums. Genau so beschreiben es aber auch andere Überlieferungen, darunter zwei jüngst wiederentdeckte hebräische Handschriften aus der Mitte des 16. Jahrhunderts, die das Nordhäuser Geschehen aus Sicht der Betroffenen erzählen. Eine der Schriften stammt von einem Eli'ezer bar Shmu'el. Der hatte in einem jüdischen Gebetbuch ältere Aufzeichnungen über den ungeheuerlichen Vorgang gefunden und sie kopiert, um sie vor dem Vergessen zu bewahren. Darin werden weitere Einzelheiten genannt, unter anderem die Initiatoren des seltsamen Tanzes. Nachdem auf dem Friedhof am Petersberg die Grube ausgehoben und mit Brettern bedeckt worden sei, hätten der Rabbi Jakob und sein gelehrter Sohn Me'ir, die damaligen Lehrer der Nordhäuser Gemeinde, um einen Spielmann gebeten. Sie wollten tanzend in den Tod gehen, »um dem Herren in Freude zu dienen und vor ihn zu kommen mit Jubel«. Alle hätten sich bei den Händen gefasst, der Rabbi sei voran gegangen, sein Sohn am Ende. »Singend tanzten sie zur Grube …«, heißt es in der jüdischen Erzählung weiter. »Und die Feinde warfen Feuer auf die Bretter, und der Ausgang ihrer Seelen geschah gleichzeitig ohne Weh und Ach. Der Herr möge ihr Blut rächen und ihre Städte zerstören.«

Tanz und Tod – das erscheint uns modernen Mitteleuropäern als schroffer Gegensatz. In der Menschheitsgeschichte sind Toten- oder Begräbnistänze aber in fast allen Erdteilen üblich gewesen, und in der jüdischen Tradition ist darüber hinaus der »Tanz in den Tod« von besonderer Bedeutung. Vorbild ist der in der Bibel geschilderte Tanz des Königs Davids hinter der Bundeslade. Von diesem Geist beseelt, tanzt der zum Feuertod verurteilte Jude freudig zur Erlösung in die jenseitige Welt. Dass man 1349 in Nordhausen also einem uralten jüdischen Brauch folgte, mindert allerdings nicht die grauenhafte Dimension des Pogroms. In der erwähnten hebräischen Handschrift bittet jener Eli'ezer bar Shmu'el deshalb ausdrücklich, die Kunde von diesem Ereignis zu verbreiten, da ja von den verbrannten Juden keiner berichten könne. Und das geschah auch. Auf verschlungenen, kaum noch nachvollziehbaren Wegen wurde die Nachricht vom Martyrium der Nordhäuser Juden über die Jahrhunderte in Sage und Chronik weitererzählt und -geschrieben. Als steinerner Zeuge erinnert auf dem Petersberg bis heute der Judenturm an den Ort des Geschehens.

Judenverbrennung, Holzschnitt aus der Schedelschen Weltchronik (15. Jh.).

Die Steinerne Jungfrau

Im Helbetal ein Steinkreuz steht
schon viele hundert Jahre,
von geheimnisvoller Sag' umweht,
gleich Adelheid von Lohre.
Als »steinerne Jungfrau« dort bekannt,
war sie ein Rätsel immer;
für wen, weshalb das Denkmal stand,
umhüllt der Sagenschimmer!
(Karl Ehrhardt)

Steine sprechen nicht, heißt es landläufig. Das mag zwar stimmen, doch zum Glück gibt es Ausnahmen. Zu ihnen zählen die spätmittelalterlichen Steinkreuze, denen man an Wegkreuzungen, Straßenrändern oder einsamen Waldplätzen häufig begegnet. Viele von ihnen tragen merkwürdige Namen oder sind mit fantasievollen Sagenüberlieferungen verbunden, welche die Steine auf ihre Weise zum Sprechen bringen.

Für die Steinerne Jungfrau, das sagenreichste Steinkreuz Thüringens, gilt dies auf jeden Fall. Neun unterschiedliche Sagen werden von ihm erzählt, das ist rekordverdächtig. Es steht im Helbetal im Gebiet der Hainleite. Mit über zwei Metern Höhe sticht das formschöne Mal allein schon durch seine Größe ins Auge. Es ist von den Orten Großlohra, Friedrichsrode oder Großberndten zu Fuß auf markierten Wanderwegen gut zu erreichen. Am eindrucksvollsten präsentiert es sich übrigens, wenn man sich ihm von unten, aus dem Talgrund kommend, nähert.

Eine der Sagen berichtet von einer jungen Dame, die im Schloss Lohra lebte und ebenso mildtätig wie die heilige Elisabeth war. Oft brachte sie den Waldleuten, wenn sie Hunger litten, Nahrungsmittel. Davon bekam jedoch eine Räuberbande Wind. Als sie wieder einmal zu einer armen Köhlerfamilie unterwegs war, wurde die Ärmeste von den Räubern erschlagen. Ihr Vater, der Burgherr, ließ zur Erinnerung das steinerne Kreuz errichten. Andere Sagenerzähler wollen wissen, dass hier die Tochter eines Holzhauers getötet worden sei. Mörder war ein verhasster Jäger des Lohraer Grafen, der zuvor schon ihren Geliebten umgebracht hatte. Erzählt wird ebenfalls, dass ein schönes Fräulein von Schlotheim durch einen Lohraer Grafen, der bereits viele Jungfrauen geschändet hatte, entführt worden sei. Um dem Fräulein dieses Schicksal zu ersparen, habe es die Mutter Gottes an besagtem Ort in einen Stein verwandelt …

Ob tatsächlich ein tragisches mittelalterliches Frauenschicksal zur Errichtung des Steinkreuzes Anlass gab, ist ungewiss. Ein Erinnerungsmal für einen an diesem Ort zu Tode gekommenen Menschen ist das Kreuz aber gewiss. Steinkreuze wurden im Hoch- und Spätmittelalter für Personen errichtet, die durch Mord oder Unfall überraschend – und ohne die heiligen Sterbesakramente empfangen zu haben – aus dem Leben geschieden waren. An dem Monument sollten die Vorübergehenden ein Gebet sprechen. Damit war die Hoffnung verbunden, den Menschen vor dem Fegefeuer zu bewahren und ihm ewigen Seelenfrieden zu schenken.

Verlässliche historischen Quellen darüber, wem das stattliche Steinkreuz gesetzt worden ist, gibt es nicht. Heimatforscher vermuten, dass es sich um einen Bürger namens Hans Immenrodt handelt. Der war, wie aus einer Chronik hervorgeht, 1446 bei gewalttätigen Auseinandersetzungen mit dem Raubgrafen von Reinstein erschossen worden. Die Inschrift auf dem Stein, die darüber Auskunft geben könnte, ist weitgehend erloschen. Erkennbar ist noch das Bild einer vor dem Gekreuzigten knienden Männergestalt. Umso mehr hat das steinerne Monument in den Dörfern auf dem Dün und der Hainleite immer wieder die Fantasie angeregt. Dabei dürfte die ungewöhnliche Form des Kreuzes entscheidend gewesen sein. Es sehe »aus der Ferne betrachtet der Gestalt eines Frauenzimmers sehr ähnlich«, heißt es schon in der ersten Beschreibung durch Carl Duval aus dem Jahre 1842.

Die sagenhafte »Jungfrau« auf einer Postkarte um 1925.

Die Steinerne Jungfrau vom Helbetal hat übrigens mehrere Schwestern. Ebenso werden ein berühmter steinzeitlicher Menhir in Dölau bei Halle genannt, markante Felsen in der Fränkischen und Sächsischen Schweiz und sogar ein Alpengipfel. Dort wurden jedoch Frauen zur Strafe in Steingebilde verwandelt – wegen diverser Sünden und Vergehen. Die Dölauer Jungfrau hatte mutwillig Brot in den Schmutz geworfen, die Sächsische trieb sich, statt brav den Gottesdienst zu besuchen, mit einem muskulösen Forstmann herum … Ganz anders die Jungfrau vom Helbetal. Woran es auch liegen mag: Die Thüringische Jungfrau in Stein erweist sich in sämtlichen Sagen als wahre Lichtgestalt, als ein Wesen voller Unschuld und Güte, der jedoch leider Mannsbilder der übelsten Sorte gegenüber stehen.

Vom Bratwurstfrieden zu Stadtilm

Wie viele andere weltbewegende Erfindungen auch, ist die der Thüringer Bratwurst bis auf den heutigen Tag heftig umstritten. Die einen behaupten, dass sie erstmals in Arnstadt gebrutzelt worden sei, andere meinen, es wäre in Gotha, Erfurt oder in Jenaprießnitz gewesen, jedenfalls als Werk eines cleveren Fleischermeisters. Der Sage nach verdanken wir die Köstlichkeit indes nicht dem Fleischer-, sondern vielmehr dem Kriegshandwerk.

Während des Schwarzburgischen Hauskrieges wurde das thüringische Städtchen Stadtilm im Jahre 1450 durch ein Heer des Kurfürsten Friedrich von Sachsen angegriffen. Dank ihrer starken Mauern und Tore konnte sich die Stadt jedoch behaupten. Also ließ der Fürst die Stadt einkreisen und belagern, um sie allmählich aushungern zu können. Die Stadtilmer hielten sich aber viele Wochen tapfer, und nicht nur ihnen, sondern auch den Belagerern ging allmählich der Proviant aus. Auch bei den Stadtilmern waren die Vorräte aufgezehrt. Ein einziges Schwein im Stall des Nagelschmiedes Voigt war übrig geblieben. Das brachte den gewitzten Ratsmeister Simon Stuff auf die rettende Idee: Vor den staunenden Augen der Belagerer wurde ein zünftiges Schlachtfest gefeiert. Auf den Wehrgängen herrschte Geschäftigkeit, man lachte und scherzte. Damit jeder Einwohner einen gerechten Anteil von dem Borstenvieh bekäme, ersann man ein besonderes Verfahren: das Fleisch wurde klein gehackt, gewürzt, in Därme gestopft und sorgsam in gleiche Portionen geteilt. Die so entstandenen Würste briet man nun auf glühenden Kohlen, und alle warteten begierig auf den Schmaus. Bald zogen duftende Rauchschwaden über die Mauern. Und siehe, dieser würzige Duft hatte größere Gewalt als Schwerter und Lanzen. Den Feinden, die durch die lange Belagerung schon mürbe geworden waren, knurrten die Mägen so arg, dass es wie fernes Donnergrollen klang. Der Bratwurstduft bewies ihnen endgültig, dass Stadtilm nicht einzunehmen war. Bis zum Einbruch der Dunkelheit waren die Truppen des sächsischen Kurfürsten auf Nimmerwiedersehen verschwunden und endlich kehrte Friede ein ...

Beim Stadtilmer Schlachtfest dürfte es nicht ganz so friedlich wie auf Ludwig Richters Illustration zugegangen sein.

Die schöne Geschichte zeigt, dass die Bratwurst von Anbeginn ein Politikum war. Also nicht erst seit dem erbitterten Kampf um Anerkennung als europaweit geschützte Marke, der im Jahre 2004 bekanntlich ebenfalls mit einem Thüringer Sieg endete. Historisch bewiesen ist die Stadtilmer Sage allerdings ebenso wenig wie die Urheber-Ansprüche von Erfurt, Gotha oder anderen Orten. Fest steht lediglich, dass man sich die gleichermaßen wehr- wie schmackhaften Würste hierzulande bereits seit dem ausgehenden Mittelalter munden lässt. Die älteste urkundliche Erwähnung einer Bratwurst hat der Archivar Peter Unger in einer Rechnungs-Abschrift des Arnstädter Jungfrauenklosters von 1404 gefunden, die im Staatsarchiv Rudolstadt aufbewahrt wird. Darin ist von »1 gr vor dartue czu brotwurstin« die Rede, also von 1 Groschen für Bratwurstdärme. Eine zweite wichtige Entdeckung gelang der historischen Bratwurstforschung im Weimarer Stadtarchiv. Sie entstammt ebenfalls der 1. Hälfte des 15. Jahrhunderts: die Weimarer Fleischhauersatzung von 1432. Darin ist u.a. festgelegt, dass »die brotworste, lebirwurste und andir wurste« nur aus reinem, frischen Fleisch gefertigt werden dürfen. Dieser Passus gilt als das älteste Reinheitsgebot für die Thüringer Bratwurst.

Wirkliche Geburtsurkunden unserer Nationalspeise sind die genannten Dokumente allerdings nicht. Wann, wo und wem die Erfindung der Bratwurst glückte, ist vermutlich schon deshalb nicht zu Papier gebracht worden, weil alle Beteiligten zu jenem Zeitpunkt vollends mit dem Verspeisen derselben beschäftigt waren. Und dieses historische Ereignis anschließend kräftig begießen mussten. Und danach vermutlich nicht mehr in der Lage waren, es für die interessierte Nachwelt zu protokollieren.

Der Erfurter Mordbrenner

Im Juni 1472 wurde Erfurt von einer verheerenden Feuersbrunst heimgesucht. Von Bränden einzelner Häuser und Straßenzüge ist in den Chroniken mittelalterlicher Städte des Öfteren zu lesen. Die Feuersbrunst des 19. Juni jedoch übertraf alles und ging als größte Brandkatastrophe in die Geschichte Erfurts ein. Nicht nur stattliche Bürgerhäuser und Mühlen wurden ein Raub der Flammen. Zwölf Kirchgemeinden verloren ihre Gotteshäuser, die Krämerbrücke und der Mariendom sanken in Schutt und Asche. Auch die Gloriosa, die erste der Erfurter Großglocken, wurde damals vernichtet. Wie viele Menschen zu Tode kamen, ist nicht bekannt. Mehr als 2000 Häuser, Scheunen und andere Bauwerke wurden an diesem Junitag zerstört – nahezu die Hälfte der blühenden Handelsstadt. Dass eine Katastrophe dieser Dimension auch die Sagenbildung kräftig anregte, ist nicht verwunderlich. Besonders die Frage nach den Schuldigen und ihrer Bestrafung verlangte nach Erklärung. So entstand eine populäre Sage, die das Ereignis mit einem auf dem Steiger befindlichen mittelalterlichen Sühnekreuz in Beziehung bringt.

Als Erfurt anno 1472 am Festtag des heiligen Protasius von dem schrecklichen Brand heimgesucht wurde, konnte sich anfangs niemand den Ursprung des Feuers erklären. Manche sahen darin ein Strafgericht Gottes, andere suchten die Schuld bei der Geistlichkeit, wieder andere vermuteten einen Anschlag auswärtiger Feinde. Schließlich fiel der Verdacht auf einen Mönch, der die Stadt zur fraglichen Zeit durch das Löbertor verlassen hatte. Dieser,

Dietrich Becker oder Burkardi, war aus dem Kloster Schulpforta entwichen und trieb sich in der Gegend herum. Der übel beleumundete Ritter Apel Vitztum, Feind Erfurts, hatte den Mönch gedungen, um die Stadt zu vernichten. Mit Hilfe etlicher Spießgesellen hatte er an mehreren Stellen Brände gelegt. Aber noch am selben Tage kam man dem Mordbrenner auf die Spur. Man verfolgte ihn bis auf die Höhe des Steigers. Da stand er, blickte ins Tal und ergötzte sich am Anblick der brennenden Stadt. Zur Rede gestellt, versuchte er zu fliehen. Er wurde aber gefangen genommen, seiner geistlichen Würden enthoben und an jener Stelle, wo er aufgegriffen worden war, auf einem Scheiterhaufen verbrannt. Zur Erinnerung wurde an dieser Stelle ein großes Steinkreuz mit dem Bild des Mönches errichtet, welches bis heute zu sehen ist.

Das Steinkreuz, von dem die Sage erzählt, kann man im Steigerwald tatsächlich entdecken. Es steht am Straßenrand der stadtauswärts führenden Fahrbahn der B4 zwischen Waldschlösschen und Hubertus und wird als Steiger- oder Mönchskreuz bezeichnet. Wegen seiner ausdrucksvollen Gestaltung und der ihm anhaftenden Sage gilt es als eines der schönsten und interessantesten Sühnekreuze Thüringens. Aber hat es wirklich mit dem großen Brand von 1472 zu tun? Wer sich die Mühe macht, die lateinische Inschrift zu entziffern, stößt auf den Namen des Priesters Henricus de Sybeleben – und damit auf einen ganz anderen Kriminalfall aus dem mittelalterlichen Erfurt. Tatsächlich wurde das Sühnekreuz bereits um 1323 für den hier durch Graf Heinrich von Schwarzburg ermordeten Priester Sybeleben gesetzt. Während dieser Fall jedoch bald in Vergessenheit geriet, beschäftigte der große Brand die Fantasie der

Menschen über viele Generationen. Ausgangspunkt für die Sagenbildung wird vor allem die auf dem alten Sühnekreuz dargestellte Mönchsgestalt gewesen sein. Die Erfurter deuteten sie als den hingerichteten Mordbrenner von 1472. Wie so oft wird in der Sage ein Zusammenhang zwischen historischen Ereignissen hergestellt, der ursprünglich nicht bestand.

Das Mönchskreuz steht heute, im Unterholz versteckt, unweit der Bundestraße B4.

Das Wunder von Tambach

Der gemeine Hering hat früher höchste Wertschätzung genossen. Gesalzen war er gut haltbar und galt auch in den Thüringer Landen als preiswerte, nahrhafte und gesunde Speise – ja als diätisches Heilmittel. Salzheringe sollen Martin Luther während des Schmalkaldener Fürstentages im Frühjahr 1537 sogar das Leben gerettet haben.

Nach einer Sage hatten Luthers Gegner ihm während des Fürstentages Gift beigebracht, um der Sache der Reformation zu schaden. Darauf erkrankte er so schwer, dass er sein letztes Stündlein gekommen sah und verlangte, zurück nach Wittenberg gebracht zu werden. Auf holprigen Wegen ging es über den Thüringer Wald. Wo die Passstraße den Rennsteig querte, begegnete die Wagenkolonne dem berühmten Doktor Paracelsus von Hohenheim, der hier Kräuter sammelte. Ihm genügte ein einziger Blick, um Luthers Leiden zu erkennen. Paracelsus gab den Rat, als Gegenmittel einen Salzhering zu essen, möglichst viel Wasser zu trinken und anschließend kräftig zu schwitzen. Dann stehe der Heilung nichts mehr im Wege. Doch Luther wollte davon nichts wissen. Zwar kannte er Paracelsus, hielt ihn aber für einen Bundesgenossen des Teufels. Ohne Gruß fuhr er weiter. In der Nacht, als man in Tambach rastete, wurden seine Schmerzen jedoch so schlimm, dass er sich eines Besseren besann. Von der Wirtin ließ er sich ein paar Heringe bringen, dazu frisches Brunnenwasser. Das nahm er zu sich, ließ dann sein Bett in der »Hölle« herrichten, also direkt hinterm Kachelofen. Am Morgen erwachte er schweißgebadet. Doch er fühlte sich geheilt und mit neuen Kräften versehen, sodass er zu den Verhandlungen nach Schmalkalden zurückkehren konnte.

Die Entführung Martin Luthers auf die Wartburg.

Dass es Martin Luther während des Fürstentages 1537 gesundheitlich extrem schlecht ging, ist eine Tatsache. Ursache war aber vermutlich nicht katholisches Gift, sondern des Reformators Nieren- und Blasensteine, welche tagelang schwerste Koliken hervorgerufen hatten. Historisch gesichert ist ebenfalls, dass sich sein Befinden beim Überqueren des Thüringer Waldes in dem Ort Tambach überraschend besserte. Die Medizinhistoriker sind sich einig, dass das vermeintliche Wunder auf nichts anderes als den üblen Zustand der damaligen Waldstraßen zurückzuführen ist. Unter den Stößen des schlecht gefederten Pferdefuhrwerks lösten sich offenbar einige der Steine, die seine Harnwege blockiert hatten. Das während der Nacht getrunkene Wasser tat ein Übriges; der heilsame Brunnen ist heute in Tambach-Dietharz als Lutherbrunnen bekannt. Aber vollständig geheilt verließ der Reformator den Ort des Wunders nicht. Auf der späteren Heimreise gingen ihm in Gotha unter Schmerzen abermals Steine ab, darunter einer, groß wie eine Bohne. Dennoch war er zufrieden, die grässlichen Koliken überwunden zu haben und endlich wieder das »verächtliche Wasser« lassen zu können. Aus Gotha berichtete er seinem Freund Melanchthon, dass acht Kannen abgeflossen seien und schließt mit dem Stoßseufzer: »Gelobet sei Gott und der Vater unsers Herrn Jesu Christi …, dass ich wieder die silbern Quell hab.«

Fürstenblut für Ochsenblut

In der Chronik der Heidecksburg zu Rudolstadt ragt unter den zahlreichen männlichen Regenten, die meist Heinrich oder Günther hießen, der Name einer Frau heraus, deren Geburtstag sich 2009 zum 500. Mal jährte: Katharina von Schwarzburg (1509–1567). In schweren, kriegerischen Zeiten trat die aus Hennebergischem Geschlecht stammende Gräfin durch eine ungewöhnliche Tat für ihre geplagten Untertanen ein, die ihr dafür den Beinamen »die Heldenmütige« gaben.

Als im Schmalkaldischen Krieg die siegreichen kaiserlichen Truppen 1547 plündernd durch die Lande zogen, hatte die verwitwete Gräfin Katharina bei Kaiser Karl V. einen Schutzbrief für ihr kleines Land erwirkt. Darin wurde zugesichert, Leben und Gut ihrer Untertanen nicht anzutasten. Als Gegenleistung verpflichtete man sich, Proviant für die spanischen Söldner bereitzustellen. Schon bald nahm ein Teil der kaiserlichen Truppen seinen Weg durch das Saaletal und näherte sich der Rudolstädter Residenz. Ihre Anführer, der spanische Herzog von Alba und der Herzog von Braunschweig, ließen sich durch Boten bei Gräfin Katharina melden und baten darum, zusammen mit ihren Offizieren auf der Heidecksburg ein Morgenfrühstück einnehmen zu können. In der Hoffnung, die feindlichen Heerführer wohlgesonnen zu stimmen, wurde im Schloss aufgetafelt, was Keller und Küche zu bieten hatten, und die Gräfin lud die Offiziere mit ausgesuchter Höflichkeit zu Tisch. Doch kaum hatte man sich zum Schmaus niedergelassen, wurde die Regentin aus dem Saal gerufen. Ein Kurier berichtete, dass die Truppen des Herzogs Alba – entgegen allen Vereinbarungen – in den Dörfern übel hausten, die Häuser der Bauern plünderten und alles Vieh wegtrieben. Geistesgegenwärtig befahl die Gräfin ihren Bediensteten, sich zu bewaffnen und alle Tore der Heidecksburg zu schließen. Dann kehrte sie in den Saal zurück und redete den fremden Kriegsherren eindringlich ins Gewissen. Der Herzog aber belächelte die Gräfin nur. Ohne sich beim Essen stören zu lassen, meinte er, dass dies eben Kriegsbrauch sei. Dagegen könne er nichts unternehmen.

Die heldenmütige Katharina bietet Herzog Alba die Stirn, Stahlstich (19. Jhd.).

Mit einer solchen Antwort gab sich die Gräfin freilich nicht zufrieden. »Das wollen wir sehen«, antwortete sie zornig. Auf ihr Zeichen hin füllte sich der Saal mit zahlreichen Bewaffneten. Schweigend nahmen sie mit blankgezogenen Waffen hinter den Stühlen der Gäste Aufstellung. »Meinen Untertanen muss Recht geschehen«, forderte die Gräfin mit einer Entschlossenheit, die keinen Zweifel ließ, »oder – bei Gott – Fürstenblut für Ochsenblut!« Die Offiziere wurden blass, und vor Überraschung blieben einigen von ihnen die Brocken im Halse stecken. Alle Blicke richteten sich auf Herzog Alba und den Braunschweiger Herzog. Dieser fasste sich als erster, indem er sein Glas erhob und scherzend die unerwartete Tapferkeit der Gräfin lobte. Doch erst als Herzog Alba vor aller Augen und Ohren den Befehl gab, die Plünderungen unverzüglich einzustellen und alles Raubgut zurückzugeben, löste sich die Spannung und das Morgenfrühstück konnte fortgesetzt werden.

Zur Popularität der Gräfin Katharina hat nicht zuletzt Friedrich Schiller beigetragen. Er war es, der diese Geschichte in einer Chronik von Cyriacus Spangenberg aus dem Jahre 1591 entdeckt, 1788 in der viel gelesenen Zeitschrift *Deutscher Merkur* veröffentlicht und damit weit über Thüringen hinaus bekannt gemacht hat. In seinem Aufsatz würdigt Schiller auch, dass Katharina mit ebensolcher Courage das Schulwesen in ihrem Fürstentum verbesserte und die Reformation tatkräftig förderte. So gewährte die Gräfin damals vielen verfolgten Protestanten Schutz und Unterstützung. Der ihr von Schiller brillant in den Mund gelegte Ausspruch »Fürstenblut für Ochsenblut« wurde alsbald zum geflügelten Wort und die Geschichte ihrer heldenhafter Tat von Ludwig Bechstein und anderen als historische Sage weiter erzählt.

Der Herzog als Alchemist

Um ihrer Finanznöte Herr zu werden, waren die Thüringer Fürsten außerordentlich erfinderisch. Einige betätigten sich sogar als Alchemisten oder gruben nach sagenhaften Schätzen. Ernst August von Sachsen-Weimar unterhielt im Schloss Belvedere ein alchemistisches Labor, Ernst Friedrich von Sachsen-Hildburghausen fabrizierte in seinem Schlosskeller eigenhändig »Goldtinkturen« und suchte den »Stein der Weisen«. Am weitesten ging dabei Herzog Christian, Regent des Miniaturstaates Sachsen-Eisenberg: Statt Gold in die leeren Kassen zu spülen, richtete der junge Fürst mit dieser Leidenschaft allerdings sein Herzogtum zugrunde – und am Ende auch sich selbst.

Christian erblickte 1653 auf dem Gothaer Schloss Friedenstein das Licht der Welt. Er war eines der 18 Kinder von Herzog Ernst I., der als Ernst der Fromme in die Geschichte einging und das Land Sachsen-Gotha-Altenburg nach seinem Tod unter den sieben männlichen Erben aufteilen ließ. Für Christian wurde das Herzogtum Sachsen-Eisenberg gebildet, das lediglich aus den Ämtern Camburg, Roda, Ronneburg sowie der Residenzstadt Eisenberg bestand, ein kaum lebensfähiger Zwergstaat. In der Tradition seines Vaters bemühte er sich zwar, das Ländchen durch die Verbesserung des Schulwesens, durch neue Straßen und andere Maßnahmen wirtschaftlich in Schwung zu bringen. Die reiche Mitgift seiner jungen Gemahlin Elisabeth Sophia in Höhe von 10.000 Talern schuf dafür zunächst gute Startbedingungen. Durch seinen verschwenderischen Lebensstil stürzte er das neu gegründete Land jedoch binnen kurzer Zeit in den Ruin.

Alchemistenlabor im 16. Jahrhundert.

Je höher sich die Schuldenberge auftürmten, desto verzweifelter wurden seine Versuche, sie abzutragen. Trotz ungünstiger Prognosen ließ Christian im Raudatal nach gold- und silberhaltigen Erzen schürfen. Ebenso erfolglos blieben seine Bemühungen, in einem eigens dafür unweit des Schlosses Eisenberg errichteten Laborgebäude auf künstlichem Wege Gold herzustellen. Bis ins 18. Jahrhundert hinein galt die Alchemie als legitimes Instrument, um die Gesetzmäßigkeiten der Natur sicht- und nutzbar zu machen. Die mystische Idee, unedle Stoffe durch ausgeklügelte Verfahren in edle zu verwandeln, war weit verbreitet. Obwohl der hoch gebildete Herzog sich im Labor als geschickter Experimentator bewies, blieb sein Traum von einer wirksamen Goldtinktur unerfüllt. Stattdessen verletzte er sich beim Experimentieren mehrfach und handelte sich schwere Gesundheitsschäden ein.

Um doch noch die finanzielle Wende zu schaffen, griff er nach jedem Strohhalm. So schließlich auch nach jenem Schatz im Keller des im 12. Jahrhunderts von der adligen Witwe Cuniza in Lausnitz gegründeten Augustinerinnenklosters, von dem eine alte Sage berichtete. Angeblich hatten die Nonnen nach der Reformation hier zahlreiche Kostbarkeiten vergraben. Wie aus den Tagebüchern des Herzogs hervorgeht, hatte ihn eine clevere Kräuterfrau und Geisterseherin namens Marie Guthmann darauf gebracht, den Schatz mit Hilfe bestimmter Geister heben zu können. Mit diesen »Geistern« trat der Herzog nun über mehrere Jahre in Briefwechsel, ließ ihnen gar Geschenke zukommen. Bei dem Schatz sollte sich um die immense Menge von 16 Tonnen Gold handeln. Der wurde freilich nie zutage gefördert, dafür ging es mit Christians Gesundheit rapide bergab. 1707 verstarb er ohne männlichen Nachkommen, dem Land eine Schuldenlast von 145.546 Talern hinterlassend. Wie sich herausstellte, hatte hinter dem Mummenschanz eine Clique anonymer Personen gesteckt, zu denen auch einige Angehörige seines Hofstaates gehörten.

Lange Zeit wurde angenommen, der fest an die Existenz hilfreicher Gespenster glaubende Herzog habe an einer Geisteskrankheit gelitten. Dagegen sprechen jedoch seine von sehr genauer Selbstbeobachtung zeugenden Tagebuchaufzeichnungen der letzten Lebenswochen. Als Todesursache wird heute eine Quecksilbervergiftung angenommen, die er sich bei seinen alchemistischen Experimenten zugezogen haben könnte. In Eisenberg wird das Andenken des ungewöhnlichen Fürsten bis heute in Ehren gehalten.

Außer der von ihm errichteten prachtvollen barocken Schlosskirche erinnern eine Ausstellung im Stadtmuseum sowie Mauerreste seines Laboratoriums im Schlosspark an den Alchemisten-Herzog. »Hätte Christian Gold gefunden, wär'n der Sorgen wir entbunden«, wurde in Eisenberg zum geflügelten Wort. Das soll bei den Beamten im Schloss, heute Sitz der Kreisverwaltung, als Stoßseufzer noch immer gelegentlich zu hören sein.

Herzog Christians Laborgebäude im Schlosspark. Die Grundmauern sind noch vorhanden.

Der geräucherte Schlotfeger

Dass Schornsteinfeger als Glücksbringer gelten, ist doch recht erstaunlich, denn deren Handwerk war einst ausgesprochen gefährlich, und die »schwarzen Männer« wurden häufig Opfer von Unfällen und arbeitsbedingten Krankheiten. In Zeiten, da noch die offenen Kamine verbreitet waren, mussten sie darin hochklettern und diese mit Kratzeisen sowie Bunden aus Stroh und Reisig reinigen. Es ist glaubhaft überliefert, dass in engen Kaminen oft Kinder als lebendige Besen eingesetzt wurden. Da klingt die in Gotha erzählte Sage vom tragischen Tod eines Schlotfegerlehrlings durchaus glaubwürdig.

Vor etwa 200 Jahren wurden die großen Kamine des Gothaer Schlosses Friedenstein noch von Schlotfegern gereinigt. Zumeist mussten sich die Lehrlinge in die finsteren Abzüge zwängen und dort mühsam den Ruß abkratzen. Bei dieser Arbeit blieb eines Tages einer der Kaminkehrer in einem Schlot stecken und konnte sich aus eigener Kraft nicht mehr befreien. Ohne davon zu wissen, zündeten Bedienstete ein Feuer an. Der Schlotfegerlehrling kam durch den Rauch und die große Hitze jämmerlich ums Leben. Erst aufgrund des seltsamen Geruchs entdeckte man den Unglücklichen. Schon bis auf die Knochen und Sehnen zusammen geschrumpft, zogen sie ihn aus dem Abzug. Der so geräucherte Schlotfeger wurde dem anatomischen Kabinett der Herzoglichen Kunstkammer übergeben und später im Museum ausgestellt.

Das makabere Objekt, von dem hier berichtet wird, ist im Gothaer Museum der Natur tatsächlich vorhanden – aber beweist es auch die Wahrheit dieser Geschichte? Bereits 1742 wird der zartgliedrige menschliche Körper, bei dem Muskeln und Blutgefäße deutlich zu sehen sind, in einem Katalog beschrieben. Seither hat der kindlich wirkende Muskelmann stets das besondere Interesse der Museumsbesucher erregt. Die wahre Geschichte des kleinen »Schlotfegers« spielt jedoch nicht in Gotha, sondern führt in das Paris des 18. Jahrhunderts. Ihr Hintergrund ist das damals erwachende Interesse am Bau und dem wundersamen Funktionieren des menschlichen Körpers. Um dieses zu befriedigen, sammelte man entsprechende Präparate und stellte sie öffentlich aus. So auch jenes anatomische Trockenpräparat, das in Paris aus der Leiche eines Kindes angefertigt und 1723 für die Herzogliche Sammlung in Gotha gekauft worden war. Aber statt an dem Präparat Muskelbau und Blutgefäße zu studieren, sah der gemeine Mann, dass es sich um einen echten Menschen handelte, ein Kind mit ungewissem Schicksal, und der Volksmund deutete es zum geräucherten Schlotfegerlehrling um.

Bei der Entstehung dieser Sage mag die Freude am Gruseligen eine Rolle gespielt haben, ebenso aber die Anteilnahme an den als lebendige Besen benutzten Kindern, über die manche Geschichten im Umlauf gewesen sind. Charles Dickens beschreibt ein solches Schicksal berührend in seinem Oliver Twist. Aus dem Paris des 18. Jahrhunderts ist überliefert, dass sich skrupellose Unternehmer aus Waisenhäusern Kinder als Schlotfeger holten. Die genaue Herkunft der Kinderleiche, aus der einst der »Gothaer Schlotfegerlehrling« gefertigt wurde, ist allerdings nichts bekannt.

Der Feuerreiter

Die Macht des Feuers, ebenso wohltätig wie verheerend, hat schon immer die Fantasie der Menschen erregt. Das gilt auch für all die verheerenden Brände, von denen fast jede Stadtchronik zu berichten weiß. So ist es kein Wunder, dass eine beispielslose Katastrophe wie der große Geraer Stadtbrand von 1780 nicht nur in Bildern und Berichten vielfach dargestellt wurde, sondern auch die Sagenbildung kräftig befördert hat. Auslöser des Unglücks war damals der Brand eines Schweinestalles in der Weidaischen Gasse, heute Greizer Straße 58. Durch Sommerhitze und starken Wind begünstigt, fegten Flammenwogen rasend schnell über die gesamte Stadt und legten sie in kurzer Zeit in Schutt und Asche. Am nächtlichen Himmel war der Widerschein des Großbrandes nach zeitgenössischen Berichten bis nach Altenburg, Leipzig und sogar nach Halle zu sehen. Zehn Menschen kamen ums Leben und nahezu alle Einwohner wurden obdachlos und verloren den Großteil ihrer Habe. Nur das Schreibersche Haus, heute Museum für Naturkunde, blieb vom Wüten der Flammen verschont. Dies muss wie ein Wunder erschienen sein und wurde Ausgangspunkt folgender Sage: Wenige Wochen vor dem Brand kamen Zigeuner nach Gera. Man bestaunte ihr ungewöhnliches Aussehen, und einige Leute ließen sich die Zukunft wahrsagen. Doch niemand wollte den Fremden Quartier geben. Nur der alte Kaufmann Schreiber lud sie in sein gastfreundliches Haus ein und beschenkte sie reich. Bevor sie weiterzogen, gab ein Zigeuner dem Kaufmann ein hölzernes Stäbchen und prophezeite ihm, dass ein großes Unglück über die Stadt hereinbrechen werde. Er aber solle das Hölzchen auf den obersten Balken des Hauses legen. Schreiber folgte diesem Rat, und sein Haus blieb als einziges verschont.

Der große Brand legte Gera in Schutt und Asche. Darstellung von 1820.

Der Sagenüberlieferung nach hatte sich die Brandkatastrophe von 1780 nicht nur durch die Prophezeiung des Zigeuners angekündigt. Eine Vielzahl merkwürdiger Ereignisse waren ihr vorausgegangen: Nordlichter und blutrote Himmelszeichen, ungewöhnliche Krankheiten, Selbstmorde und Unglücksfälle, die im Volksglauben als Vorboten kommenden Unheils gelten. Nach einer weiteren Sage soll während des Brandes ein magischer Feuerreiter versucht haben, die Stadt vor dem Untergang zu retten: Der alte »dreißigste Herr« von Gera galt als einer, der das Feuer durch Umreiten zu ersticken vermochte. An vielen Orten war ihm dies wohl geglückt. Auch als

Gera in Flammen stand, versuchte er es. Viele wollen gesehen haben, wie er hoch zu Ross, von einem Diener gefolgt, in rasender Eile die Stadt umrundete. Aber diesmal war sein Wagemut umsonst, denn das Feuer war verzaubert. Die Hausfrau, die es beim Räuchern eines Schweinestalles entzündete, hatte über die ins Stroh fallenden Funken einen Fluch gesprochen.

Zum realen Hintergrund dieser Geschichte gehört, dass Heinrich XXX., letzter Graf aus dem Hause Reuß-Gera, besonderes Interesse für das Feuerlöschwesen hegte und manche Feuerlöschaktionen persönlich leitete. Das führte im Volk zu dem Glauben, dass er ein zauberkundiger Feuerbanner sei, ein Feuerreiter, wie er aus den Sagen anderer Orte bekannt war. Später stellte sich übrigens heraus, dass das furchtbare Unglück keineswegs durch die Hausbewohnerin, eine Frau Bäßler, beim Ausräuchern ihres Schweinekobens verursacht worden war. Acht Jahre später, auf dem Sterbebett, gestand ein Nachbar aus der Weidaischen Gasse die Tat. Um Familie Bäßler zu schädigen, hatte er im Schweinestall absichtlich Feuer gelegt.

Ein Zigeunermassaker am Rennsteig

Eines jener so zahlreichen Steinmale, die den Rennsteig des Thüringer Waldes säumen, ist der Laßmannstein oberhalb von Gehren. Die Buchstaben C. W. L. erinnern an den mysteriösen Tod des Förster Christoph Wilhelm Laßmann im Jahr 1764, der ein fürchterliches Massaker an einer Gruppe Zigeuner auslöste.

Zigeuner bei der Vorbereitung eines Festmahls, Kupferstich (17. Jh.)

Nach einer Volkssage hielt sich im Amte Gehren einst eine Zigeunersippe auf, die in den ausgedehnten Wäldern am Rennsteig heimlich dem Wild nachstellte. Die Bewohner beobachteten die Fremden misstrauisch, Jäger und Forstbeamte aber verfolgten sie mit glühendem Hass. Dabei tat sich besonders der Förster Laßmann hervor, denn er war kugelfest und die Schüsse seiner Gegner prallten von ihm ab wie von einer Mauer. Einmal fing Laßmann eine Handvoll der dunkelhäutigen Wilderer, unter ihnen ein kaum zehnjähriger Knabe. Als er sie abführen wollte, entwischte dieser jedoch und griff zu einem Gewehr, das mit einer Glaskugel – andere sagen mit einem Metallknopf – geladen war. Damit legte der Zigeunerknabe auf Laßmann an, jagte ihm einen Schuss durchs rechte Auge in den Kopf und tötete durch dieses Kunststück den kugelfesten Förster.

Wie die meisten Sagen ist auch diese keineswegs frei erfunden. Sie beruht auf realen Geschehnissen, die freilich sagenhaft ausgeschmückt wurden. Anhaltspunkte über die historischen Hintergründe liefert ein Bericht des Gehrener Amtsmannes Johann Bernhard Fricke über die Verfolgung einer »starken Zigeuner-Bande« im September 1764 durch die Ortswache und den Förster Laßmann. Im Morgengrauen habe die Wache die Gesuchten bei der Schlossers-Wiese überrascht. Allerdings seien es »nur pure Zigeuner-Weiber gewesen, die mit einer Zigeuner-Frau von ihrem Complote, so eben in die Wochen gekommen gewesen, zu tun gehabt«, während die anderen entwischt seien. Nun habe »der Fürstl. Förster Laßmann, so reitend gewesen, ihnen nachgesetzet, auf sie geschossen, so ist er von selbigen erschossen worden«. Nach dem Bericht wurde die Leiche in Gehren gründlich obduziert – mit überraschendem Ergebnis. Man stellte fest, dass dem »Förster zum rechten Auge hineingeschossen worden, und das darzu gebrauchte Stück Zinn, welches mehr länglich als rund gewesen, durch den Kopf hindurch und hinten auf der linken Seite zur Hirnschaale wieder hinausgegangen und nur zwischen der Hirnschaale und Haut stecken geblieben« sei. Dies dürfte die Gerüchteküche damals kräftig angeheizt und die Sagenbildung befördert haben.

Das weitere Schicksal der wildernden Zigeuner wird in den Quellen nur nebenbei erwähnt. Nach dem Bericht wurde von Sondershausen ein Gardekommando in Marsch gesetzt, »welches dem Unwesen ein Ende machte«. Das Schwarzburgische Militär metzelte die rund 100 Personen starke Gruppe – Männer, Frauen und Kinder – offenbar binnen weniger Tage nieder. Während an den tragisch zu Tode gekommenen Förster am Rennsteig ein würdiges Denkmal und eine Informationstafel erinnern, findet das Massaker von 1764 dort keine öffentliche Erwähnung.

Napoleons Selbstmordversuch

Zahlreich sind die Sagen, welche von den Taten gekrönter und ungekrönter Häupter des Mittelalters und der frühen Neuzeit berichten. In jüngerer Zeit haben es nur noch wenige zu sagenhafter Berühmtheit gebracht. Zu ihnen zählt Napoleon I. Der glänzende Aufstieg wie auch der schmähliche Untergang des Franzosenkaisers waren seinerzeit in aller Munde und spiegeln sich in etlichen Sagen aus Thüringen wieder. Eine will wissen, dass er versucht habe, seinem Leben hier durch einen spektakulären Selbstmord ein Ende zu bereiten.

In Erfurt, wo Napoleon zwischen 1806 und 1813 mehrfach weilte, werden bei Stadtführungen und anderen Gelegenheiten die Geschichten über seine Aufenthalte noch heute gern erzählt. Folgt man ihnen, scheint der Kaiser vor allem hoch zu Ross großen Eindruck auf die Bevölkerung gemacht zu haben. So heißt es, dass er einmal dem Domplatz einen Besuch abgestattet habe. Da sei er auf seinem prächtigen Schimmel rasant die breiten Stufen des Domberges hinauf und herunter galoppiert und habe das Volk damit in helles Staunen versetzt. Es ist klar, dass solche Geschichten keine Tatsachenberichte sind. Nach den historischen Zeugnissen war Napoleon Bonaparte zwar ein sehr ausdauernder, aber nicht unbedingt ein eleganter oder gar artistischer Reiter. Auch wenn die Geschichte vom Ritt auf den Domstufen also faktisch unzutreffend sein mag, enthält sie das berühmte Körnchen Wahrheit: Auf sagenhafte Art berichtet sie von der großen Faszination, die Napoleons Persönlichkeit auch in Erfurt zunächst ausübte.

So stellte man sich Napoleons Reiterkunststücke auf der Erfurter Zitadelle vor.

Dass diese Faszination im Laufe der darauffolgenden Jahre brüchig wurde, man ihn zunehmend als Despoten und Unterdrücker sah und sich seinen Tod wünschte, kommt in einer anderen Erfurter Sage zum Ausdruck. Sie erzählt von der Zeit, als er nach der verlorenen Völkerschlacht bei Leipzig die Reste seines Heeres noch einmal zu sammeln versuchte, um sich den nachrückenden Verfolgern entgegen zu stellen. Bei dieser Gelegenheit habe er auch die Zitadelle Petersberg besucht und dabei ein ungewöhnlich kühnes Reiterkunststück gezeigt – das in Wirklichkeit ein getarnter Selbstmordversuch gewesen sei: »Bei seinem Besuch der Citadelle Petersberg ritt er über den Juliusgraben, da wo die Bastion am höchsten ist, auf dem schmalen Abgrunde, und zwar, wie die Sage meldet, um hinabzustürzen und sich ohne den Verdacht des Selbstmordes aus seiner damals kläglichen Situation zu befreien. Jedoch sollte er den Tod hier nicht finden, denn sein trefflicher Schimmel vereitelte das Vorhaben seines Herren durch seine Bravour.« So kann man in den von Heinrich Kruspe veröffentlichten Sagen der Stadt Erfurt lesen. Historisch überliefert ist, dass Napoleon I. die militärisch bedeutsame Zitadelle tatsächlich mehrfach inspiziert hat, letztmalig während seines Aufenthaltes vom 22. bis 25. Oktober 1813. Der tolle Ritt auf der Bastion und der Erfurter Selbstmordversuch sind indes wohl nur Legende. Hier war – wie so oft – des Volkes heimlicher Wunsch der Vater des Gedankens. Historisch verbürgt ist hingegen, dass sich der Kaiser einige Monate später, nach der Schlacht bei Paris, mit Gift eigenhändig vom Leben zum Tode befördern wollte. Das scheiterte an der mangelnden Wirksamkeit des Giftes, das er schon seit Jahren mit sich geführt hatte.

Quellen

ANNALES REINHARDSBRUNNENSES, hrsg. v. Fr. Wegele. Thüringer Geschichtsquellen I, Jena 1854.

BECHSTEIN, Ludwig: Der Sagenschatz und die Sagenkreise des Thüringerlandes, 4 Bände, Hildburghausen (Kesselring) 1835–1838.

BECHSTEIN, Ludwig: Deutsches Sagenbuch, Leipzig 1853.

BECHSTEIN, Ludwig: Thüringer Sagenbuch, hrsg. v. M. Berbig, Dresden und Leipzig 1898.

BEILKE-VOIGT, Ines: Das »Opfer« im archäologischen Befund. Rahden/Westf. 2007.

BÖHL, Felix: Tanz und Tod in Kunst und Literatur, Berlin 1993.

BÖRNER, Wilhelm: Volkssagen aus dem Orlagau nebst Belehrungen aus dem Sagenreiche, Altenburg 1838.

CRAMER, Andreas M.: Die schönsten Sagen aus dem Herzogtum Gotha, Gotha 1997.

DRECHSEL, Rudolf: Sagen und alte Geschichten aus dem Orlagau, Wernburg 1934.

EISEL, Robert: Sagenbuch des Voigtlandes, Gera 1871.

EHRHARDT, Karl: »Die steinerne Jungfrau« im Helbetale, in: Der Pflüger. Monatsschrift für die Heimat. 4. Jg., 1927, Nr. 1.

EHRHARDT, Ludwig und FISCHER, Gertrud: Das Ledermännchen, Jena 1976.

GRÄSSE, Johann Georg Theodor: Der Sagenschatz des Königreichs Sachsen, Band 2, Dresden 1874.

GRÄSSE, Johann Georg Theodor: Sagenbuch des Preußischen Staates, Band 1, Glogau 1868/71.

GRESS, K.: Holzlandsagen, Leipzig 1870.
GRIMM, Jakob und Wilhelm: Deutsche Sagen, Berlin 1983.
HELMBOLD, Hermann: Der Felsbachstein , in: Thüringer Monatsblätter, Verbandszeitschrift d. Thüringerwald-Vereins, 15. Jg., 1907/08, Nr. 12.
KRUSPE, Heinrich: Die Sagen der Stadt Erfurt, Erfurt 1877.
OST, Gerhard/HEINECKE, Paul: Holzlandsagen, Eisenberg 1988.
PECKENSTEIN, Lorenz: Theatrum Saxonicum, Teil 1, Jena 1608.
QUENSEL, Paul: Thüringer Sagen, Jena 1926.
ROTHE, Johannes: Düringische Chronik, hrsg. von R. v. Liliencron. Thüringer Geschichtsquellen III, Jena 1859.
SAAL, Walter: Die Sagen der Region Merseburg, Merseburg 2005.
SCHRAMM, Rudolf: Das Liebschwitzer Ranzenmännchen, Greiz 1980.
SPANGENBERG, Cyriacus: Adels-Spiegel, Schmalkalden 1591.
TETTAU, Wilhelm Johann Albert von: Über die Quellen der Erzählung von der Doppelehe eines Grafen von Gleichen, in: Mitteilungen des Vereins für Geschichte und Altertumskunde von Erfurt, Bd. 3 (1867).
WITTER, Eckhard: Die Ottermahlzeit, Hildburghausen 1993.
WITZSCHEL, August: Kleine Beiträge zur deutschen Mythologie, Sagen, Sitten und Gebräuche aus Thüringen, 2 Bde., Wien 1866 und 1878.
WUCKE, Christian Ludwig: Sagen der mittleren Werra, hrsg. von H. Ullrich, Eisenach 1921.
ZIPPEL, Horst: De Rehrleskouch'n. Plaudereien über die Ortsnecknamen im Kreis Lobenstein, Gera 1989.